행복을 누릴 권리
행복을 나눌 의무

- 불교와 현대행복학 -

행복을 누릴 권리
행복을 나눌 의무
- 불교와 현대행복학 -

· 발　행 / 2016년 10월 24일

· 저　자 / 김 동 한

· 발행인 / 김 동 한

· 발행처 / 월드인재교육원
　　　　　（www.biz-academy.co.kr）

· 등　록 / 제396-2001-009호

· 주　소 / 경기도 고양시 일산동구 백석동 1,332-1
　　　　　레이크하임 909호

· 전　화 / (031) 908-6171

· 핸드폰 / 010-9025-2688

· 팩　스 / (031) 978-6172

· E-mail/ 21educon@korea.com

· ISBN　/ 979-11-85552-21-7　03190

· 책　값 / 14,000원

· 이 책을 존경하는 아버님(金信濟)과 어머님(李純烈),
　그리고 사랑하는 아내(李南熙)에게 바칩니다.

행복을 누릴 권리
행복을 나눌 의무

- 불교와 현대행복학 -

김동한 지음

월드인재교육원

* 저자 김동한 소개

1) 현재, <월드인재교육원> 대표로 있습니다.
· 의식개혁/경영혁신/리더십/마케팅 전문강사, 경영컨설턴트 및
  '대한민국산업 현장교수'로서,
  교육훈련(1,500회 실시)과 경영컨설팅(200건 실시)에 열정적인
  활동을 하고 있습니다.
· <기업은 리더의 능력만큼 큰다>, <직장인의 자기 변화와 혁신>,
  <일류 직장인의 조건>, <행복한 직장생활의 조건>,
  <경영혁신 기법 및 사례> 등 60여 편을 저술하였습니다.
· 동국대학교경영대학원에서 경영학석사(MBA)학위를 취득하였고,
  한국생산성본부 및 신용보증기금에서 27년간 근무하면서,
  6차례 대내외 표장을 수상하였고 3차례 해외연수를 이수하였습니다.

2) 1980년에 불자오계(五戒)를 수지하였고(불명: 반야),
  . 1982년에 불교청년단체인 '동산반야회'의 창립멤버로 참여하여 약
    15년간 부회장을 역임하면서 '불교기본교리 과정(3개월)' 이수자를
    대상으로 1박2일의 템플스테이를 50여회 지도한 바 있고,
    1987년에 대한불교조계종 포교사 자격을 취득(1603호)하였습니다.
  . 재가불자(在家佛子)들의 수행 소모임인 '화엄포럼' 회원들과
    30여 년간 신행생활을 하고 있습니다.
  . <불교교리와 불자생활>, <행복해요 불교명상>, 마음챙김명상-행복한
    직장생활을 위한> 등을 저술하였고, 월포라 라후라 저서 <What the
    Buddha Taught, 불타의 근본 사상>을 번역한 바 있습니다.

〈불교행복〉의 체계

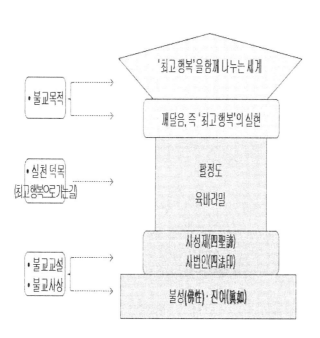

머리말

이 책은 '불교'가 본래 내포하고 있는 '행복'에 대해 현대행복학자들의 연구를 토대로 규명해봄으로써 불교가 '행복 그 자체'임을 밝히고, 또한 우리는 누구나 행복을 누릴 '권리'와 행복을 나눌 '의무'를 갖고 있음을 밝히면서, 우리의 행복 수준을 높이고 함께 나누는 길을 제시하고 있습니다.

인간을 비롯한 모든 존재는 행복하기를 원합니다. 현대행복학자들은 행복을 '주관적 웰빙(subjective well-being)', 즉 '주관적 안녕감'이라고 정의하고 있습니다. 주관적 안녕감은 '기쁨·만족과 같은 긍정적인 감정을 누리면서 자신의 삶이 즐겁고 의미있다고 생각하는 상태'라고 할 수 있습니다. 그것은 한마디로 '안락(安樂)한 경지'입니다.

불교의 목적은 스스로 '깨달음'을 실현하고 그것을 다른 사람들과 '함께 나누는' 것입니다. 이 말은 곧 스스로 '최고 행복'을 실현하고 그것을 다른 사람들과 '함께 나누는' 것입니다. 왜냐하면, 깨달음을 해탈 또는 열반이라고 하는데 이는 모든 고통과 번뇌에서 벗어난 '최고의 안락한 경지'를 의미하기 때문입니다. 이러한 경지는 곧 '최고 웰빙', '최고 행복'의 경지가 아닐 수 없습니다.

부처님을 '세존(世尊)'이라고도 부르는데, 이는 '최고 행복을 실현한 분'이라는 의미입니다. 또 '복전(福田)'이라고도 부르는데, 이는 '최고 행복을 기르는 밭(田)'이라는 의미입니다.

부처님은 "내가 출가(出家)한 것은 병듦이 없고 늙음이 없고 죽음이 없고 근심·걱정·번뇌가 없는 '가장 안락한 행복'의 삶을 얻기 위해서였다(잡아함경)."라고, 출가 동기를 분명히 하였고 6년간의 수행 끝에 그것을 실현하였습니다. 그리고 그 실현을 위한 실천 덕목으로 팔정도(八正道)와 육바라밀(六波羅密)을 설(說)하였습니다.

현대행복학의 창시자로 알려진 미국 일리노이대학 심리학 에드 디너 교수는 로버트 디너와의 공저 ≪행복, Happiness≫에서 "행복과 그 밖의 긍정적인 감정을 다루는 개방적인 방법들로 특별히 잘 알려진 종교는 '불교'다. 긍정적인 감정의 이해, 안녕과 유지는 불교에서 필수적인 요소이다."라고 언급하고 있습니다. 즉, 불교가 행복을 다루는 '개방적인 방법들'을 내포하고 있는 것으로 '특별히' 잘 알려진 종교라는 것입니다.

부처님 교설(教說)에 의하면, 인간의 본성은 '불성(佛性)'으로서 최고 행복 그 자체입니다. 또한 삼라만상의 실상은 '진여체(眞如體)'로서 최고 행복 그 자체요, 현실 세계는 열반(涅槃)으로서 최고 행복 세계 그 자체입니다. 따라서 인간은 누구나 최고 행복 그 자체로서 최고 행복을 누릴 '권리'와 나눌 '의무'를 갖고 있습니다.

현대행복학자들은 현대인의 행복 수준이 '정서적 파산'에 이를 정도라고 우려하고 있습니다. 이 책이 불교가 '행복 그 자체'임을 이해하고, 나아가 우리의 행복 수준을 높이고, 높아진 행복을 누리며 함께 나누는데 기여하기 바랍니다.

감사합니다.　　　저자　김 동 한

[목 차]

경천사지 십층석탑(국보 제2호, 국립중앙박물관)

불교와 현대행복학(총론)

1장에서는

'현대인의 행복의 실상'

그리고

'불교가 내포하고 있는 행복'

에 대해

알아보기로 합니다.

유네스코 세계기록유산의 팔만대장경판(국보 제32호)이
소장되어 있는 장경판전(국보 제52호, 해인사)

1절. 우리는 얼마나 행복한가

<숫타니파타(경집)>에 다음과 같이, 모든 존재가 행복하고 평안하기를 기원하는 내용의 가르침(말씀)이 있습니다.

존재하는 모든 것들은 행복하기를!

존재하는 모든 것들은 평안하기를!

어떤 존재든, 즉 약하거나 강하거나, 작거나 크거나, 하찮거나 중요하거나, 눈에 보이거나 보이지 않거나, 가까이 있거나 멀리 있거나, 태어났거나 태어날 것이거나, 이 모든 존재하는 것들은 행복하기를 평안하기를!

사람을 비롯한 모든 생명체는 하나같이 행복하기를 원합니다. 그것은 모든 생명체의 본능입니다. 따라서 행복은 최고의 가치이며 궁극적 목적입니다. 아리스토텔레스(기원전 384~322)는 "행복은 삶의 의미이며 목적이고 인간 존재의 목표이며 이유다."라고 말했습니다. 이는 행복의 중요성을 언급하는 사람들이 자주 인용하는 문구입니다.

실제로 현대행복학자(또는 행복과학자, 이하 같음)들의 조사에 의하면, "미국, 그리스, 슬로베니아, 한국, 아르헨티나, 바레인 등 거의 모든 나라 사람들에게 인생에서 가장 원하는 것이 무엇이냐고 질문했을 때 그들은 하나같이 행복을 첫 번째로 꼽았다."라고 합니다. 이렇게 인종(人種)과 동서고금을 막론하고 사람들은 누구나 행복을 원하고 또 행복을 추구(발견, 건설, 창조)하고 있습니다. 행복은 '기분을 좋게' 할 뿐 아니라 많은 '긍정적 부가 혜택'을 누릴 수 있기 때문입니다.1)

---

1) 현대행복학자들이 공통적으로 제시하는 행복에 대한 통일된 정의는 아직은 없는 상태입니다. 하지만 대체로 행복을 '주관적 웰빙(subjective well-being)'이라고 정의하고 있습니다. 주관적이란 사람마다 행복에 대해서 나름대로의 기준과 상황에 따라 판단한다는 것입니다. 따라서 행복에 대한 객관적인 정의가 불가능 또는 무의미하다는 것입니다. 그리고 웰빙(well-being)이란 '안녕감', '만족감', '긍정적인 생각과 느낌', '참삶' 등을 뜻합니다. 주요 행복학자들의 행복에 대한 정의로서, 캘리포니아주립대학 심리학 소냐 류보머스키 교수는 '즐거움, 만족 또는 웰빙을 누리면서 자신의 삶이 좋고 의미있으며 가치있다고 생각하는 상태'라고, 일리노이대학 심리학 애드 디너 교수는 '삶에 대한 긍정적인 생각과 느낌'이라고, 펜실베니아대학 심리학 마틴 셀리그만 교수는 '의미, 좋은 관계, 성취를 실제로 소유하는 것과 기분 좋은 느낌의 조합'이라고 정의하고 있습니다. 한편, 하버드대학 심리학 탈 벤 샤하르 교수는 행복의 기본 요건으로 '즐거움(현재의 긍정적인 감정과 현재의 이익)'과 '의미(미래 목적의식과 미래의 이익)' 두 가지를 제시하면서 행복을 '즐거움과 의미의 포괄적인 경험'이라고 정의하고 있습니다. 따라서 행복이란 '기쁨·만족과 같은 긍정적인 감정

　현대행복학(happiology)의 세계적인 권위자인 캘리포니아주립대학(리버사이드캠퍼스) 심리학 소냐 류보머스키 교수는 ≪행복 증진 전략, The How of Happiness; A Scientific Approach to Getting the Life You Want, 번역본: How to be happy 행복도 연습이 필요하다≫2)에서, "행복해지는 것이 그저 기분을 좋게 해주는데 그치는 것이 아니라, 셀 수 없이 많은 긍정적인 부가 혜택을 가져다준다는 사실을 확인할 수 있었다."라며, '긍정적 부가 혜택'을 다음과 같이 기술하고 있습니다.

을 누리면서 자신의 삶이 즐겁고 의미있다고 생각하는 상태'라고 정의할 수 있습니다.

2) 소냐 류보머스키 교수는 '행복 요소'를 가장 체계적으로 제시하고 있는 것으로 유명한 ≪행복 증진 전략≫에서, 행복 요소를 다음과 같이 제시하고 있습니다. ①의미있는 목표에 헌신하기. ②몰입 체험을 늘리기. ③삶의 기쁨을 음미하기. ④감사 표현하기. ⑤낙관주의 갖기. ⑥과도한 생각과 사회적 비교하지 않기. ⑦친절하기. ⑧인간관계 돈독히 하기. ⑨스트레스에 슬기롭게 대응하기. ⑩용서하기. ⑪종교 생활과 영성 훈련하기. ⑫몸 보살피기(명상하기, 운동하기, 행복한 사람처럼 행동하기).

① 행복한 사람들은 덜 행복한 사람들보다 더 사교적이고,

② 활기차고,

③ 보다 관대하고,

④ 협조적이며,

⑤ 다른 사람들로부터 더 호감을 산다.

⑥ 따라서 행복한 결혼 생활을 지속해 나가고,

⑦ 원만한 우호 관계를 갖고,

⑧ 풍부한 사회적 지원을 확보할 가능성이 더 높다.

⑨ 나아가 사고가 더 유연하고,

⑩ 창의적이며,

⑪ 직장에서 보다 생산적이다.

⑫ 또한 더 나은 리더이자,

⑬ 더 나은 협상가이며,

⑭ 돈도 더 많이 번다.

⑮ 그리고 역경(시련, 고난)이 닥쳤을 때 더 쉽게 회복하며,

⑯ 면역 체계도 강하여 신체적·정신적으로 더 건강하고,

⑰ 심지어 수명도 더 길다.

⑱ 한편, 더 행복해지는 과정에서 기쁨, 만족, 사랑, 자부심,
  경외심을 더 많이 경험하고,

⑲ 에너지 수준이 개선되고.

⑳ 일이나 다른 사람과의 관계가 개선되고,

㉑ 자신감과 자존감도 강화되어 자신이 존중받을 자격이 있

는 가치있는 인간임을 믿게 된다.

㉒ 끝으로 간과할 수 없는 효과는 행복감이 자신뿐만 아니라 배우자와 가족, 지역 공동체, 나아가서는 사회전체에까지도 혜택이 돌아가게 된다.

이러한 사실은 류보머스키 교수팀이 무려 27만 5천여 명에 달하는 사람들을 대상으로 실시한 200여건의 연구 성과를 분석한 결과로 밝혀진 것입니다. 그야말로 행복은 개인적으로나 사회적으로 만사를 형통하게 하는 핵심 열쇠라고 할 수 있습니다.

그러면 오늘날 우리는 얼마나 행복할까요. 하버드대학에서 행복학을 강의하면서 '행복학 열풍'을 일으킴으로써 세계적으로 주목받고 있는 탈 벤 샤하르 교수는 그의 저서≪해피어, Happier≫에서, 현대 사회의 실상을 이렇게 기술하고 있습니다.

우리가 물질적인 부를 축적하는 동안 정말 중요한 가치는 파산 지경에 이르고 있다. 사업이 파산할 수 있는 것처럼 사람도 그럴 수 있다.

사업이 건재하려면 수익을 내야 한다. 즉, 수입이 지출보다 많아야 한다. 우리 삶에서 긍정적인 경험을 수입으로, 부정적인 경험을 지출로 생각하면 이해하기 쉬울 것이다. 긍정적인 경험이 부정적인 경험보다 많으면 궁극적인 가치에서 이익을 내게 된다. 그러나 부정적인 경험(지출)이 긍정적인 경험(수입)을 압도하는 장기적인 불황이 계속되면 정서적으로 파산하게 된다.

만일 개인의 파산 비율이 계속 증가하면 전체 사회가 파산할 수 있는 것과 마찬가지로, 개인의 불안과 우울 정도가 계속 증가하면 사회는 정서적 파산을 향해 치닫게 된다. 우리는 과학과 기술, 즉 물질적인 복지 면에서 장족의 발전을 이루고 있는 반면, 정서적인 면에서는 오히려 점점 더 후퇴하고 있다.

게다가 불행히도 상황이 나아지고 있다는 징후는 보이지 않는다. 미국 10대 아이들의 약 3분의 1이 우울증에 시달리고 있다. 미국, 유럽, 호주, 아시아에서 실시한 조사 결과에 따르면, 요즘 아이들이 이전 세대보다 훨씬 더 심각한 불안과 우울증을 겪고 있다. 이러한 추세는 인종과 사회경제적 노선을 가리지 않고 전 세계로 점점 더 확대되고 있다.

요컨대, 인종과 사회경제적 노선을 가리지 않고 전 세계는 물질적인 면에서는 계속 발전하고 있지만 정서적인 면에서는 오히려 점점 더 후퇴하고 있다는 것입니다. 즉, 불안과 우울증이 증가하는 등 행복 수준이 점점 더 떨어지고 있어서 정서적으로 파산할 위기에 있다는 것입니다. 더구나 상황이 나아지고 있다는 징후가 보이지 않고 있다는 것입니다.

최근의 한 연구에 의하면, 오늘날 미국에서 우울증은 1960년대보
다 10배나 증가했고, 우울증 발병하는 평균 나이가 1960년대에
29.5세에서 14.5세로 낮아졌다고 합니다. 미국의 대학생들을 상대로
조사한 최근 결과에서도 거의 43%의 대학생들이 "우울증이 심해서
능력을 발휘하지 못하고 있다."라고 답한 것으로 나타났습니다.

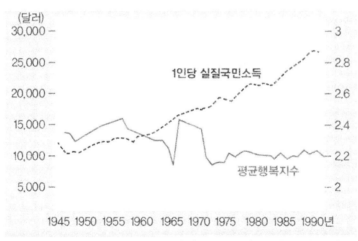

미국인의 1인당 실질 국민소득과 평균행복지수

자료: <행복과 경제학>, 프라이&슈트처 공저

다른 나라들도 사정은 마찬가지입니다. 영국에서 1957년에 '매우

행복하다'고 말한 사람이 52%였으나 2006년에는 36%로 떨어졌습니다. 이 기간 동안 영국의 경제 성장은 3배나 증가했습니다.

중국에서도 급속한 경제 성장과 함께 불안과 좌절을 겪는 사람들이 급속히 증가하고 있는 것으로 조사되었습니다. 특히, 중국 보건복지부는 "아이들과 청소년들의 정신건강 상태가 심히 우려된다."라고 발표하기도 했습니다. 이렇게 동서양을 막론하고 이전보다 경제적으로는 부유해졌지만 행복 수준은 오히려 악화되었습니다.

이러한 현상은 우리나라에서 더 심각한 것으로 나타났습니다. 우리나라는 세계에서 가장 빠른 경제성장을 이룬 국가입니다. 하지만 우리나라는 OECD국가 중 10년 째 자살률 1위라는 불명예 기록을 갖고 있습니다. 또, 최근 미국의 여론조사기관인 '갤럽'에서 발표한 <세계의 국가별 행복지수>에 의하면, 우리나라는 조사대상인 143개국 중에서 118번째로 꼴지에 가까운 불명예스러운 순위로 나타났습니다.

특히, 현대행복학의 창시자로 알려져 있는 일리노이대학 심리학 에드 디너 교수는 2010년에 우리나라를 방문해서 이렇게 말한바 있습니다.

"한국은 지나치게 물질중심적이고, 사회적 관계의 질이 낮다. 이는 한국의 낮은 행복 수준과 밀접하게 관련된다. 물질중심주의적 가치관은 최빈국인 '짐바브웨(아프리카)'보다 심하다."3)

그러면, 오늘날 동서를 막론하고 행복 수준이 떨어지는 원인은 무엇일까요.

탈 벤 샤하르 교수는 ≪해피어≫에서, "점점 더 많은 사람이 물질적인 부(富)를 삶의 목적 자체로 인식하고 있는 것"이 주요 원인이라고 주장하고 있습니다.

벤 샤하르 교수는 그 예로서, 미국 대학에 입학한 학생들을 조사한 결과를 보면 그 원인을 어느 정도 짐작할 수 있다는 것입니다. 즉, 1968년 대학 신입생들에게 인생의 목표가 무엇인지 물었더니 41%는 돈을 많이 버는 것이라고 대답했고, 83%는 의미있는 삶의 철학을 발전시키는 것이라고 대답하였습니다. 그러나 29년 후인 1997년에 조사한 결과에서는 신입생의 75%가 부자가 되는 것이 인생의 목표라고 대답했고, 41%가 의미있는 삶의 철학을 발전시키는 것이라고 대답했다는 것입니다(복수응답).

다시 말해, 29년 전에는 인생의 목표가 삶의 철학을 발전시키는 것이라고 대답한 신입생이 많았지만, 최근에는 부자

---

3)동아일보, 2010.8.17.

가 되는 것이라고 대답한 신입생이 훨씬 많아졌다는 것입니다.

벤 샤하르 교수는 이러한 물질주의 인식 변화 때문에 "점점 더 많은 개인이 불행해지면서 전체 사회가 정서적 파산 상태로 치닫고 있다."라고 우려하고 있습니다.

실제로, 일리노이대학 심리학 에드 디너 교수와 그의 연구팀에 의하면, 미국 일류 대학의 신입생 1만2천명을 대상으로 그들이 18살이었던 1976년에 태도 조사를 하고 19년이 지난 37살이 되었을 때 삶의 만족도를 측정한 결과, 신입생이었을 때 물질적인 포부를 밝혔던 학생들, 다시 말해서 돈을 버는 것이 자신의 일차 목표라고 대답했던 학생들은 19년이 지난 후 자신의 삶에 덜 만족하고 있었다는 것입니다.

선덕대왕신종
(국보 제29호)

또 다른 연구에서도 물질주의자들은 그렇지 않는 사람들보다 각종 정신 질환에 시달릴 가능성이 더 높다는 것입니다. 결국 물질주의는 정서적 결핍을 가져오고 따라서 행복 수준을 떨어뜨린다는 것입니다.

이 같은 결과는 미국과 그 밖의 나라에서도 공통적으로 나타났습니다. 탈 벤 샤하르 교수의 《해피어》에 의하면, 싱가포르 경영대학원 학생들을 조사한 결과, 물질적인 가치를 중요하게 생각하는 학생일수록 자기실현과 활력 그리고 행복 수준이 떨어지고, 그 대신 불안과 신체적 이상 증세 그리고 불행 수준이 높은 것으로 나타났습니다.

그러면, 행복 수준을 높여서 정서적 파산 위기에서 벗어나기 위해서는 어떻게 해야 할까요.
그 실마리는 앞에서 언급한 현대행복학자들의 연구 결과에서 찾을 수 있습니다.
그들은 한결같이 우리 삶의 우선순위를 물질적인 것이 아니라 정서적인 것에 두어야 한다는 것입니다.

우리가 삶의 목적이요 궁극적 가치인 행복을 '최우선 순위'에 놓는 것이 바로 정서적 파산을 예방하는 길이요 행복 수준을 높이는 길입니다. 왜냐하면, 부(富)·지위는 삶의 '목적'이 아니라 '수단'이기 때문입니다.4) 삶의 목적은 어디까지나 행

---

4) 주의해야 할 것은 부(富)·지위 그 자체가 행복 수준을 떨어뜨린다는 것이 아닙니다. 그것들을 삶의 목적으로 인식함에

복입니다.

　마침, 1983년에 당시 대한불교조계종 종정(宗正)인 성철(性徹 1912~1993)스님이 법정(法頂 1932~2010)스님과 대담한 내용이 떠오릅니다. 대담 내용의 일부를 인용하면 다음과 같습니다.

　법정스님 = 물질적 척도로 인생의 의미를 재려던 생각이

따라 행복이 최우선(목적)이 아니라 차선(수단)으로 전도되는 것이 문제입니다. 부(돈)에 대한 행복학자들의 연구에 의하면, 일반적으로 돈의 수입이 일정 금액(년 7만5천 달러)으로 늘어날 때까지는 행복 수준을 높여 주지만 그 금액 이상이 되면 행복 수준에 별 영향을 주지 않는다고 주장합니다. 그러나 또 다른 행복학자들은 수확체감의 법칙이 적용되지만 돈의 수입이 많을수록 행복 수준도 높아질 수 있다고 주장합니다. 한편, 2015년 서울대학 의과대학 강영호 교수의 연구·발표에 의하면, 우리나라 상위 20% 고소득자의 기대수명은 86.2세이지만 하위 20% 저소득자의 기대수명은 71.0세에 불과하다고 합니다. 즉, 돈 많은 사람이 15.2세 더 살 수 있다는 것입니다. 런던대학 연구팀에 의하면, 그 이유는 부·지위가 높을수록 건강관련 호르몬이 많이 나오기 때문이라고 합니다. 현실적으로 돈의 힘을 부정할 수는 없습니다. 더구나 7만5천 달러는 중산층 이하에게는 아주 큰돈입니다. 실제로 사람들은 돈을 벌기 위해 삶의 가장 많은 시간을 보냅니다. 그러다보면 자신도 모르게 돈을 삶의 목적으로 둘 수 있습니다. 행복학자들은 돈을 버는 과정에서 행복을 제1의(第一義) 가치로 두고 행복을 '선택'하고 '추구'하는 것이 중요하다고 강조합니다.

점차 빛을 잃어가고 있는 것은 세계적인 추세인 것 같습니다. 이와 같은 가치관의 변화 속에서 현대인이 의지해야 할 가치 의식은 어디에 있을까요?

성철스님 = 인간의 근본가치는 인격에 있는 것이지 물질에 있는 것이 아닙니다. 현대는 물질을 숭배하여 인격이 상실된 시대입니다. 이런 현상을 바로 잡으려면 인간의 존엄성부터 회복시켜야 합니다.

그래야만 물질만능에 의해 전도(顚倒)된 가치관을 탈피하고 참다운 생활을 할 수 있습니다. 인간은 영원한 생명과 무한한 능력을 가진 절대적 존재입니다. … 따라서 본래 청정(淸淨)한 인격의 절대성으로 돌아가는 인간 복귀가 필요합니다.

법정스님 = 세계의 많은 학자들, 특히 토인비(1889~1975) 같은 역사가는 현대 문명의 해독제로 불교사상을 크게 평가하고 있습니다. 그중에도 대승불교의 보살(菩薩)사상5)이야말

---

5) 보살(菩薩)이란, 산스크리트어 보디사트바(Bodhisattva)의 음역인 '보리살타(菩提薩埵)'의 준말로서, '깨달음을 실현(체득, 증득, 성취)하였으나 모든 중생이 깨달음을 실현할 때까지 부처의 세계에 들어가지 않고 중생의 세계에서 중생들의 깨달음을 위해 진력하는 유정(有情)'을 의미합니다. 특히 대승불교에서는 '스스로 깨달음을 추구하며 중생을 교화하는 구도자'를 의미합니다. 따라서 보살사상의 실천적 개념은 상구보리(上求菩提) 하와중생(下化衆生)입니다. 즉, 깨달음(최고 행복)을 추구하는 동시에 깨달음(최고 행복)을 중생과 함께 나누는 것입니다. 이에 보살은 곧 대승불교의 이상적 인간상입니다.

로 인류구제의 길잡이라고 말합니다. 불교의 근본사상은 무엇이며, 그것이 오늘의 인류에게 기여하기 위해 불사(佛子, 불제자의 준말)들은 어떻게 살아야 한다고 보시는지요.

성철스님 = 불교의 근본사상은 중생이 본래 부처라는 데에 있습니다. … 중생이 본래 부처요, 현실 이대로가 해탈(解脫)6)이지만 마음의 눈을 뜨지 않고 있기 때문에 바로 보지 못하는 것입니다. … 그러므로 모든 존재를 부처님으로 모시고, 부모로 섬기고, 스승으로 받들자는 것입니다.

요컨대, 인간의 근본 가치는 '인격'에 있는 것이지 결코 '물질'에 있는 것이 아니라는 것입니다. 따라서 우리가 참다운 생활, 즉 행복한 생활을 하기 위해서는 물질만능주의에 의해 전도(顚倒)된 가치관을 탈피하고 본래 청정(淸淨)한 인격의 절대성으로 돌아가, 인간은 누구나 본래 '청정한 인격'의 절대성을 갖고 있는 '부처'임을 바로 보고, 모든 존재를 '부처님으로 모시고', '부모로 섬기고', '스승으로 받들어야' 한다는 것입니다.

<대방광불화엄경(이하 '화엄경')>에 이런 가르침이 있습니

한편, 대승불교는 '불교의 대중화'를 지향하는 불교로서 주로 우리나라, 중국, 일본 등 동북아시아에 널리 보급되어 있습니다. 이에 대해 미얀마, 태국, 라오스 등 동남아시아에 널리 보급되어 있는 불교를 상좌불교(또는 소승불교)라고 합니다.

6) 해탈에 대해서는 '1장 2절(불교의 정의·목적과 행복)'을 참조.

다. 즉, "모든 중생을 순수한 마음으로 섬기고 공양하기를 부모와 같이 하고, 스승과 같이 받들며, 성인이나 부처님과 다름없이 대해야 한다. 병든 이에게는 의사가 되어주고, 길 잃은 이에게는 바른 길을 가리켜 주며, 어둔 밤에는 등불이 되고, 가난한 이에게는 재물을 얻게 한다. 이와 같이 보살(菩薩)은 일체 중생을 평등하고 이롭게 해야 한다. 왜냐하면, 보살이 중생을 순수한 마음으로 대하는 것은 곧 부처님께 순종하여 공양하는 거나 다름이 없고, 중생을 존중하여 섬기는 것은 곧 부처님을 존중하여 섬기는 일이 되며, 중생을 기쁘게 하는 것은 곧 부처님을 기쁘게 하는 거나 마찬가지이다. 부처님은 자비심(慈悲心)으로 근원을 삼기 때문이다."

2016년 3월 9일 인류역사상 하나의 큰 사건이 우리나라에서 일어났습니다. 인공지능의 '알파고(AlphaGo)'가 세계 최강의 바둑기사인 이세돌 9단을 4대1로 이긴 것입니다. 이 사건과 관련해서 이스라엘 히브리대학 역사학 교수이자 베스트셀러 《사피엔스》의 저자인 유발 노아 하라리는 우리나라의 한 신문과의 이메일 인터뷰에서 이렇게 말했습니다. "2100년이면 현대 인류인 '호모 사피엔스(Homo sapiens)'는 사라지고 인간과 기계가 결합된 '호모 사이보그(Homo cyborg)'가 나타날 것이다."

중요한 점은 하라리 교수가 "호모 사이보그가 된다 해도 인간이 '인간성'을 잃지 않아야 한다."라며, "인간이 끝까지 인간다움을 간직할 수 있는 비결은 '마음'에 있다. 지금부터 '마음'에 대한 연구를 심화해야 한다."라고 깅조흔 겁입니다.[7]

잘 알려진 바와 같이, 불교는 인간의 '마음'에 대한 '심오한 통찰'을 바탕으로 인간성 회복 내지 인격완성을 추구하고 있습니다.[8]

한편, 일리노이대학 심리학 에드 디너 교수는 로버트 디너와의 공저 ≪행복, Happiness: Unlocking the Mysteries of Psychological Wealth, 번역본: 모나리자 미소의 법칙≫에서, "행복과 그 밖의 긍정적인 감정을 다루는 개방적인 방법들로 특별히 잘 알려진 종교는 '불교'다. 긍정적인 감정의 이해, 안녕과 유지는 불교에서 필수적인 요소이다."라고 언급한 바 있습니다.[9] 즉, 불교가

---

7) 조선일보, 2016.3.12.
8) 마음에 대한 심오한 통찰에 대해서는 '1장 5절(인간의 본성 -최고 행복 그 자체)'을 참조.
9) 필자는 불교의 '우월성'을 언급함으로써 타 종교를 비하하려는 의도는 전혀 없습니다. 불교의 목적은 자타(自他)가 깨달음(최고 행복)을 실현하는 것입니다. 깨달음의 세계는 무애(无涯), 즉 '걸림'이 없는 세계입니다. 그 어떤 종교·사상·견해·지식·현상에 의해서도 걸림이 없는 세계입니다. 따라서 불교의 우월성을 고집한다면 그 자체가 '걸림'입니다. <금강경>에 "응무소주 이생기심(應無所主 而生其心)"이라는 가르침이 있습니다. '그 어떤 것에도 걸림(머무는 바) 없이 마음을 내야 한다.'는 것입니다. 아울러 "불응취법 불응취비법(不應取法 不應取非法)"이라는 가르침도 있습니다. '비진리는 물론 진리까지도

행복을 다루는 '개방적인 방법들'을 내포하고 있는 것으로 '특별히' 잘 알려진 종교라는 것입니다.

특히, 두 교수는 위의 책에서 위스콘신대학의 저명한 신경과학자이자 심리학자인 리처드 데이비슨 교수가 불교명상에 대해 연구한 내용을 이렇게 인용하고 있습니다.

데이비슨 교수와 그의 동료들은 명상의 위력을 과학적으로 실험했다. 한 연구에서 그들은 프랑스 출신의 승려 마티외 리카르의 두피(頭皮)에 전극을 연결했다. 리카르는 영적인 묵상의 삶에 푹 빠져 1만 시간 이상 명상을 하고 수년간 침묵 속에서 지내는 수련(默言修行)을 하기도 했다. 초기의 예비 실험에서 데이비슨과 그의 동료들은 리카르에게 의도적으로 자비심(慈悲心)을 품으라고 부탁한 후 그의 두뇌에서 일어나는 전기 활동을 기록했다. 너무나 뚜렷하게 활성화가 일어나서 연구자들은 기계가 고장 났는지 의심했을 정도였다. 그들은 승려들을 추가로 선정하고 지역의 학생들을 통제 집

취하지 말라.'는 것입니다. 즉, 진리에 조차도 걸림이 없어야 한다는 것입니다. 불교인의 한 사람으로서 일체에 걸림이 없어야 한다는 것이 기본 생각입니다. 소냐 류보머스키 교수는 《행복 증진 전략》에서, 자신을 비롯한 행복학자들의 연구 결과, "일반적으로 종교인이 비종교인에 비해 더 행복하고 더 건강하다."라고 언급하고 있습니다. 다만, 종교에 대해 '편협적'이 아니라 '포용적', '개방적'일 때 그렇다는 것입니다.

단으로 삼아 다시 실험을 실시했다. 두 번째 실험에서 승려
들의 긍정적인 뇌파 패턴은 학생들의 것보다 30배 정도 더
강했을 뿐 아니라 두뇌의 다른 부분 역시 활성화되는 것으로
나타났다. 승려들한테서는 특히 왼쪽 전두엽피질의 활동이
두드러졌는데, 뇌의 이 부분은 긍정적인 감정의 체험과 연관
되어 있다.

요컨대, 불교가 행복을 증진시키는 필수적인 요소들을 갖추고 있
으며, 특히 불교명상이 전두엽피질의 활동을 두드러지게 활성화시
킨다는 것입니다. 전두엽피질은 자비, 평온, 기쁨과 같은 긍정적인
감정을 관장하는 뇌의 '행복 센터'로 알려져 있습니다.10)

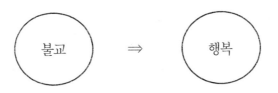

지금까지 행복이 삶의 목적이요, 궁극적 가치임에도 불구하고 물
질적 가치를 우선으로 여기는 전도된 가치관의 변화로 인해 행복
수준이 떨어지고 급기야 정서적으로 파산할 위기에 있다는 오늘날
의 현실을 살펴보았습니다.

---

10) 불교명상에 대해서는 '2장 1절(불교명상과 행복)'을 참조.

아울러, 불교가 이러한 정서적 파산 위기의 현실에 대한 해독제 역할을 하면서 우리의 행복 수준을 증진시키는데 크게 기여할 수 있다는 것에 대해 살펴보았습니다.

*　　*　　*

소냐 류보머스키 교수, 탈 벤 샤하르 교수, 에드 디너 교수, 마틴 셀리그만 교수 등과 같이 최근 미국이나 유럽 등 선진국에서 현대행복학을 연구하고 있는 사람들은 대부분 심리학을 전공한 사람들입니다.

심리학 분야에서 행복학을 본격적으로 연구하게 된 계기는 1998년 펜실베니아대학 심리학 마틴 셀리그만 교수(당시 미국 심리학회 회장)가 '긍정심리학'을 공식적인 학문 분야로 출범시키면서 시작되었습니다. 즉, '현대행복학'은 심리학 특히 '긍정심리학'에 그 뿌리를 두고 있습니다.

긍정심리학은 한마디로 '최적의 인간 기능에 대한 학문적 연구'입니다. 즉, 인간의 삶을 살만한 가치가 있게 만들어주는 것을 연구하는 학문입니다. 따라서 긍정심리학은 사람들에게 긍정적인 마음 상태를 개발할 수 있는 능력을 주는 것이 중요하다는 믿음으로부터 탄생된 것입니다.

종래의 전통적 심리학에서는 우울증과 같은 부정적이고 고통
스러운 상태의 환자를 중립적이고 정상적인 상태가 되도록 도와
주는 연구에 주력해왔습니다. 그러나 긍정심리학에서는 행복을
증진시키는 연구에 주력하고 있습니다.

다시 말해, 종래의 전통적 심리학이 우울증과 같은 인간의 부
정적 '마이너스(-)' 상태를 정상적 '제로(0)' 상태로 이끌기 위한
연구에 주력한 반면, 긍정심리학은 행복과 같은 긍정적 '플러스
(+)' 상태로 이끌기 위한 연구에 주력하고 있습니다. 그러다보니
자연히 긍정심리학에서 행복 증진에 대한 실험적 연구가 활발하
게 진행될 수 있었습니다.

종래의 심리학과 최근의 긍정심리학

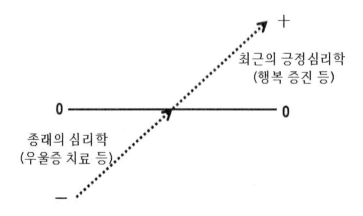

이와 같이, 행복을 연구하는 행복학이 종래에 주로 사유적(思惟的)으로 연구해 온 '철학계'로부터 최근에 주로 실험적(實驗的)으로 연구하고 있는 심리학계(특히 '긍정심리학계')로 옮겨지고 있는 추세에 있습니다. 따라서 심리학계에서는 종래 철학계의 '행복론'이라는 말 대신 '행복학'이나 '행복과학' 또는 '행복공학'이라는 말로 구분해서 사용하고 있는 추세입니다.11)

이 책에서는 사유 중심의 철학적 '행복론'이 아니라 실험

---

11) 그렇다고 해서 필자는 철학계의 사유적 행복론이 무의미하다고 생각하지 않습니다. 철학계의 '행복론'이나 현대심리학계의 '행복학'은 다 같이 장점과 한계점을 갖고 있습니다. 철학계의 행복론은 삶의 경험과 사유에 의한 '이상(理想)'적 삶의 추구에 의해 정립된 장점이 있는 반면, 객관성이 떨어진다는 한계점이 있습니다. 이에 반해 현대심리학계의 행복학은 나름대로 과학적 실험에 의해 정립된 장점이 있는 반면, 보통 사람들을 실험 대상으로 하고 있고 또 불완전한 확률 수치에 의존하면서 '보통'적 삶을 추구-예를 들면, 현대행복학의 창시자로 불리는 일리노이대학 심리학 에드 디너 교수는 로버트 디너와의 공저 《Happiness》에서 "행복에도 적정한 수준이 있으며 그 도를 넘어서는 긍정성은 해롭다."라고 언급-하고 있다는 한계점이 있습니다. '보통'적 삶의 추구로는 정서적 파산 위기에 처해있는 현대인의 행복 수준을 높이는데 한계가 있을 수 있습니다. 따라서 부처님의 철저한 삶의 경험과 심오한 사유에 의해 실현된 최고 행복(해탈, 깨달음)을 추구하는 불교가 현대인의 행복 수준을 높일 뿐 아니라 현대행복학의 발전에 새로운 에너지 역할을 할 것으로 사료됩니다.

중심의 심리학적 행복학, 즉 '현대행복학'과 '불교'에 관해서 언급하고자 합니다. 다시 말해, 불교가 '왜' 그리고 '어떻게' 우리의 행복 수준을 높여 줄 수 있는지에 대해 현대행복학 측면에서 기술하기로 합니다.

2절. 불교의 정의·목적과 행복

불교(佛敎)란, 우주인생의 궁극적 진리를 깨달은 부처님의 가르침을 말합니다.

'불교'는 '불(佛)'자와 '교(敎)'자의 합성어입니다. '불'은 붓다(Buddha: 佛陀, 부처님), 즉 깨달은 분이라는 뜻이고, '교'는 가르침을 뜻합니다. 따라서 불교는 깨달은 분, 즉 '부처님의 가르침'이라는 뜻입니다. 부처님은 석가모니(釋迦牟尼) 부처님을 말합니다.

부처님을 다른 말로 '복전(福田)'이라고도 하는데, 이는 산스크리트어(Sanskrit, 梵語) '푸냐크세트라(punyaksetra)'를 번역한 것으로서 '최고 행복을 기르는 밭(田)'이라는 의미입니다. 또, '세존(世尊)'이라고도 하는데, 이는 '바가밧(bhagavat)'을 번역한 것으로서 '최고 복덕(福德)을 갖춘 분'이라는 의미인데, 이는 곧 '최고 행복을 실현한 분'이라는 의미입니다. 또, '선서(善逝)'라고도 하는데, 이는 '수가타(sugata)'를 번역한 것으로서 '최고 행복한 분'이라

는 의미입니다.12)

따라서 부처님은 최상의 깨달음을 실현한 분이요, 최고의 행복을 실현한 분이라는 것을 이해할 수 있습니다.

이에, <잡아함경>에서 "깨달은 자는 세상에서 가장 행복한 존재다." 또, <법구경>에서 "깨달음을 실현하는 것이 최고의 행복이다."라고 설(說: 가르침, 말씀)한 것입니다.

'깨달음(bodhi, 覺)'은 수행(실천)이 실현되어 진리를 증득(證得, adhigama)하는 것을 말합니다. 다시 말해, 우주인생의 궁극적 진리를 완전히 통찰하는 것은 물론, 그것을 몸과 마음으로 완전히 증득(체득, 성취)하는 것입니다. 따라서 불교의 깨달음은 일반적 깨달음의 의미인 '생각하고 궁리하다 알게 되는 것'과는 전혀 다른 차원의 뜻입니다.

백제금동대향로(국보 제287호)

---

12) 이기영(1978), 금강경(역해), P.198.

‘궁극적’이라는 말은 ‘더할 나위 없는’, ‘최상의’, ‘최고의’, ‘완전한’ 등을 뜻합니다. 부처님의 깨달음을 ‘무상정득정각(無上正等正覺)’이라고 하는데, 이는 산스크리트어 ‘아눗타라 사미아크 삼보디(anuttara-samyak-sambodhi)’의 한자 음역(音譯)인 ‘아뇩다라삼막삼보리(阿耨多羅三藐三菩提)’를 의역(意譯)한 것입니다. 이를 우리나라 말로 표현하면 ‘더 이상 위기 없는 최싱의 가장 평등하고 가장 바른 깨달음’, 줄여서 ‘궁극적 깨달음’이 됩니다.

그러면 부처님이 깨달은 우주인생의 궁극적 진리는 무엇일까요.

그 내용은 한 마디로 ‘연기(緣起)의 진리’입니다. 연기란, 인연생기(因緣生起, pratītya-samutpāda)의 준말로서, 모든 현상은 인(因, hetu: 직접적인 원인)과 연(緣, pratyaya: 간접적인 조건)의 상호관계 속에서 생기고 소멸(生滅)한다는 진리를 말합니다. 이 연기의 진리를 이해하기 쉽게 체계적으로 설한 것이 소위 ‘사성제(四聖諦)’, ‘사법인(四法印)’ 등입니다.[13]

---

13) 연기에 대해서는 ‘1장 4절(모든 존재의 실상 - 최고 행복 그 자체)’을, 사성제에 대해서는 ‘1장 7절(불교의 실천 덕목 - 최고 행복을 실현하는 길)’을, 사법인에 대해서는 ‘1장 6절(현실 세계의 실상 - 최고 행복의 세계 그 자체)’을 참조.

깨달음을 해탈(解脫) 또는 열반(涅槃)이라고 합니다. 다른 말로 성불(成佛), 성도(成道) 또는 견성(見性), 오도(悟道)라고도 합니다. 요즘 말로는 인격 본질의 완성을 의미하는 인격완성이라고 할 수 있습니다. 중요한 것은 깨달음이 '최고 행복의 실현'을 의미한다는 점입니다. 왜냐하면, 해탈(解脫, vimukti)은 모든 결박이나 장애로부터 벗어난 자유·해방을 의미하고, 열반(涅槃, nirvana)은 모든 고통(괴로움)과 번뇌에서 벗어난 '최고의 안락(安樂)한 경지'를 의미하기 때문입니다. 또, 깨달음의 세계를 극락(極樂)세계라고 하는데, 극락은 산스크리트어 '수카바티(Sukhavati)'를 의역한 것으로서 이는 '모든 것이 구족(具足)하여 즐겁고 자유롭고 안락한 곳'이라는 뜻입니다. 이러한 경지는 곧 '최고 행복'의 경지가 아닐 수 없습니다.

그런가 하면, 깨달음을 실현하는 것을 이고득락(離苦得樂), 즉 '괴로움을 떠나 즐거움(최고 행복)을 얻는 것'이라고 표현하기도 합니다. 이는 인도의 마명(馬鳴, Aśvaghoṣa 100~160?)스님의 저서 ≪대승기신론≫에서 언급한 "모든 괴로움을 떠나 최고의 즐거움(최고 행복)을 얻는다[離一切苦 得究竟樂]"를 줄여서 표현한 것입니다.

괴로움이란, 산스크리트어 '두카(dukkha)'를 번역한 것인데 이는 고통, 불만족, 불행 등을 의미합니다. 즐거움이란, '수카(sukha)'를 번역한 것인데 이는 기쁨, 만족, 행복 등을 의미합니다.

이 이고득락은 사찰에서 매일 새벽 예불(禮佛)과 저녁 예불을 하기 전에 종(鐘)을 치면서 축생(畜生)을 비롯한 모든 중생들로 하여금 괴로움과 불행에서 벗어나 즐겁고 행복하기를 기원하는 게송(偈頌)의 일부로 사용되기도 합니다.

결국 불교란 '우주인생의 궁구적 진리를 깨달은 부처님의 가르침을 따르고 실천하며 깨달음, 즉 최고 행복을 실현하는 종교'라고 정의할 수 있습니다.

중요한 것은 사람을 비롯한 모든 중생은 깨달음, 즉 최고의 행복한 삶을 살 수 있는 근본 성품인 불성(佛性)을 갖고 있다는 점입니다.14)

이에, <대반열반경(이하 '열반경')>에서 "모든 중생은 깨달음의 근본 성품인 불성(佛性)을 갖고 있다." 또, <화엄경>에서 "부처님이 보리수 아래에서 깨달음을 이루시고 일체만유를 다 둘러보시고 감탄하며 말씀하셨다. 기이하고 기이하구나, 일체 중생이 모두 여래(如來: 부처님)와 같은 지혜 덕상이 갖추어졌건만 분별망상으로 깨닫지 못하는구나." 라고 설하고 있는 것입니다.

---

14) 불성(佛性)에 대해서는 '1장 5절(인간의 본성 - 최고 행복 그 자체)'을 참조.

한편, 불교의 목적은 '스스로 깨달음, 즉 최고 행복의 실현을 추구하면서 아울러 모든 중생이 최고 행복을 누릴 수 있도록 극락정토를 구현하는 것'입니다. 이를 '상구보리 하화중생(上求菩提 下化衆生)'이라고 합니다. 전자를 '지혜의 실현', 후자를 '자비의 실현'이라고 합니다.

불교의 정의와 목적

불교의 정의	·우주인생의 궁극적 진리를 깨달은 석가모니부처님의 가르침을 수행하면서 깨달음, 즉 최고 행복을 추구하는 종교.
불교의 목적	·스스로 깨달음, 즉 최고 행복을 실현하고, 나아가 모든 중생이 최고 행복을 함께 누릴 수 있는 극락정토를 구현하는 것. ·전자는 상구보리(上求菩提-지혜의 실현-자리행), 후자는 하화중생(下化衆生-자비의 실현-이타행)임.

지혜의 실현(상구보리)은 자리행(自利行)이요, 자비의 실현(하화중생)은 이타행(利他行)입니다. 이는 곧 스스로 최고 행복을 추구하면서 최고 행복을 모든 중생들과 함께 나누는 것입니다. 이 지혜와 자비를 완전하게 실현한 분이 바로 석

가모니 부처님입니다. 이러한 맥락에서 불교를 '지혜의 종교, 자비의 종교'라고 하는 것입니다.

특히, 자비는 '자(慈 maitrī)'와 '비(悲 karuṇā)'의 합성어 입니다. '자'는 이익과 행복을 주는 것. '비'는 불이익과 고통을 없애 주는 것입니다. 이를 한마디로 '발고여락(拔苦與樂)'이라고 합니다. 즉, 괴로움을 없애주고 행복을 주는 것입니다. 이 자비는 불교의 기본 사상이요 불교 실천의 기본 바탕입니다.

이와 같이 불교의 목적은 깨달음, 즉 최고 행복을 실현하는 것에 그치는 것이 아니라 최고 행복을 모든 중생과 함께 나누는데 있습니다. 중생(衆生)은 인간뿐만 아니라 살아있는 모든 무리를 말합니다.

이러한 자리행과 이타행의 정신에 따라 모든 불교의식에서는 '자타(自他)가 일시에 성불[自他一時成佛道]'할 것을 기원하고 있습니다. 뿐만 아니라 모든 불교의식에는 의식을 마무리할 때 '회향(廻向, parinamana)'의식이 포함되는데, 회향은 자기 자신이 지은 선근(善根)공덕의 이익을 다른 중생들에게 나누어주는 것을 의미합니다.

이는 상구보리의 자리행(自利行)과 하화중생의 이타행(利他行)을 실현하는 마음가짐이라고 할 수 있습니다. 회향에 대해서

<화엄경>에서 이렇게 설하고 있습니다.

보살은 자신이 지은 선근공덕(善根功德)을 이렇게 회향(廻向)합니다.

나는 모든 중생의 집이 되리라, 그들의 고뇌를 없애주기 위해서.

나는 모든 중생의 수호신이 되리라, 그들의 번뇌를 끊어 깨달음을 이루게 하기 위해서.

나는 모든 중생의 귀의처가 되리라, 그들의 공포(불안, 두려움)에서 벗어날 수 있도록.

나는 모든 중생의 안락처가 되리라, 그들이 마침내 편안한 곳을 얻을 수 있도록.

나는 모든 중생의 광명(光明)이 되리라, 그들이 지혜를 얻어 무명(無明)의 어둠을 없앨 수 있도록.

나는 모든 중생의 길잡이가 되리라. 그들에게 걸림 없는 큰 지혜를 주기 위하여.

이러한 불교의 '회향 사상'은 탈 벤 샤하르 교수가 주장하는 '행복 혁명'을 초월하는 사상이라고 할 수 있습니다.

행복의 양에는 제한이 없다. 어느 한 사람이나 어떤 국가가 행복해진다고 해서 다른 사람이나 다른 국가가 불행해지는 것은 아니다. 행복 추구는 제로섬 게임이 아니라 모두가 더 잘살 수 있는 윈-윈 게임이다.

부처님은 "하나의 양초로 수천 개의 양초를 밝힐 수 있고, 그래도 그 양초의 수명은 짧아지지 않는다. 행복은 나누어주는 것으로 줄어들지 않는다."라고 말했다. 이처럼 물질은 유한하지만 행복은 무한하다.

이는 탈 벤 샤하르 교수가 ≪해피어≫에서 언급한 것입니다. 그는 2600여 년 전에 부처님이 설한 '양초의 비유'를 인용하면서 "자기 혼자만 행복하면 진짜 행복일 수 없다. 다른 사람과 함께 행복해야 진정한 행복이다. 가장 행복한 순간은 자기 자신이 행복할 때가 아니라 자기가 사랑하는 사람이 행복할 때이다."라며, 자신이 행복을 추구하면서 또한 다른 사람들이 행복할 수 있도록 돕는 것을 '행복 혁명'이라고 주장하고 있습니다. 그는 행복 혁명에 대해 다음과 같이 기술하고 있습니다.

사람들이 이론적으로나 현실적으로 행복이 궁극적인 가치라는 사실을 인식할 때 일어날 것이다. 많은 사람들이 이론적으로는 이 사실에 동의하지만, 현실적으로 그들이 살아가는 방식을 좀 더 자세히 들여다보면 주로 행복이 아닌 돈이나 지위와 같은 다른 요인들에 따라 움직이고 있는 것을 보게 된다.

행복 혁명은 부(富)를 몰수해서 대중에게 재분배한다고 이루어지는 것이 아니라 사람들의 인식 변화를 통해 가능하다. 수많은 잠재적 반대자를 숙청하는 피의 혁명이 아니라 물질주의 속박을 벗어내는 의식 혁명을 통해 가능하다.

　행복 혁명은 더 높은 수준의 의식, 더 높은 존재의 평면으로 사회 전반의 패러다임을 전환하는 것이다. 우리 사회 대부분의 사람들이 행복은 제로섬 게임이 아니며 행복 추구가 다른 사람들과 경쟁해야 하는 일이 아니라는 사실을 이해하고 체득해야 한다. 그렇게 하면 우리 자신이 행복해지는 것과 다른 사람들이 더 행복해지도록 돕는 것이 상호보완적인 목적이라는 것을 깨닫게 되면서부터 조용한 혁명이 펼쳐질 것이다. 그러한 혁명이 일어날 때 우리는 행복뿐만 아니라 선(善)으로 충만한 사회를 보게 될 것이다.

이상에서 불교의 정의·목적은 자기 스스로 최고 행복(깨달음)의 실현을 추구하면서 모든 중생 역시 최고 행복을 실현할 수 있도록 하는데 있음을 살펴보았습니다.

불교의 이러한 자리이타(自利利他)의 정신이야 말로 '행복 혁명'을 실현함으로써 정서적 파산 위기에 처해 있는 현대 사회가 행복이 충만한 사회로 거듭나게 할 수 있는 가치라고 할 수 있습니다.

　　　　　＊　　　＊　　　＊

　이 2절을 마무리하면서 필자가 언급하고자 하는 것이 한 가지 있습니다. 그것은 미네소타대학의 데이비드 리켄 교수를 비롯한 대부분의 심리학 교수들이, '사람의 행복은 유전적 요소가 50%, 환경적 요소가 10%, 그리고 의지와 노력에 의해 40%가 좌우된다.'고 주장한다는 점입니다. 그러니까 행복의 60%는 이미 결정되어 있고, 나머지 40%만이 사람의 의지와 노력에 의해 좌우될 수 있다는 입장입니다.

　소냐 류보머스키 교수는 이를 지지하는 다수 그룹의 입장이고, 탈 벤 샤하르 교수는 이를 '평균의 착오'라고 비판하는 소수 그룹의 입장입니다.

　이를 지지하는 다수 그룹의 사람들이 인용하는 것이 바로 데이비드 리켄 교수와 오크 텔레진 교수가 1936~55년에 출생한 1,380쌍의 쌍둥이를 대상으로 연구한 '쌍둥이 행복 연구(Happiness Twins Study)'입니다. 그 내용은 다음과 같습니다.

　일반적으로 일란성 쌍둥이는 유전자의 100%를 공유하며, 이란성 쌍둥이는 보통의 형제자매처럼 50% 정도를 공유합니다.

　연구 결과에 의하면 일란성 쌍둥이, 즉 유전적 조건이 동일한 쌍둥이들은 놀랍게도 행복 수준이 무척 비슷했습니다.

일란성 쌍둥이 중 한 사람이 행복할수록 또 다른 쌍둥이도 행복했습니다. 그들이 한 집에서 자랐든 각자 태평양 연안과 대서양 연안에서 떨어져 자랐든 서로 마찬가지였습니다.

그렇지만 흥미롭게도 이란성 쌍둥이의 경우에는 그들이 함께 자랐든 따로 자랐든 행복의 수준에서 전혀 연관성을 보이지 않았습니다. 다시 말해 이란성 쌍둥이는 보통의 형제자매들과 마찬가지로 평균적인 행복 수준에 있어서 서로 차이가 났습니다.

이러한 발견은 행복이 유전적인 요인의 영향을 많이 받는다는 것을 의미합니다. 즉, 사람은 각자 미리 정해진 행복의 설정값을 가지고 태어난다는 것입니다. 따라서 데이비드 리켄 교수 등은 인간의 행복은 '적어도 50%' 정도는 틀림없이 유전자의 영향을 받는다고 결론 내렸습니다.

그러나 불교의 입장은 그렇지 않습니다. 사람은 무시이래(無始以來), 즉 시작이 언제인지 모를 정도의 아주 먼 과거로부터 현재까지의 유전적 요소, 환경적 요소가 어떻든 간에 개인의 의지(믿음)와 노력(실천)에 의해 최고의 행복을 실현할 수 있다는 입장입니다.

그 이유는 <열반경>에서 "중생은 누구나 불성(佛性, 깨달음의 성품, 최고 행복의 성품)을 갖고 있다."라고 설하고 있고, 또 그것이 불가(佛家)에서 지속적으로 검증되어 왔기 때문입니다. 다시 말해, 사람은 누구나 40%가 아니라 (유전적 요소 50%와 환경적 요소 10%를 포함한) 100% 최고의 행복을 실현할 수 있다는 것이 불교의 입장입니다.

물론 깨달음, 즉 최고 행복을 '실현'한다는 것은 쉬운 일이 아닐 수 있습니다. 하지만 그 가능성은 언제나 열려있습니다.

<빨리 증지부>에서 "수행자가 두 눈을 바로 뜨고 있으면 도처에서 교훈이 보이고 깨달음을 얻을 기회도 끝이 없다."라고 설하고 있습니다. 그리고 그 예를 <능엄경>에서 다음과 같이 들고 있습니다.

- 한 남자가 향불을 피우면서 향냄새가 오지도 않고 가지도 않으며 나타나지도 않고 사라지지도 않는 것을 보았는데, 이 사소한 일이 그 사람을 깨닫는 길로 인도했다.

- 한 남자가 가시에 발을 찔려 심한 아픔을 겪은 끝에 아픔은 마음의 반응일 뿐이라고 생각했더니, 다음 순간에는 마음은 관리를 잘못하면 통제의 손길을 벗어나 불순해지지만 잘 조절하면 순결해진다는 생각이 떠올랐다. 그리고 얼마 뒤에 깨달음을 얻었다.

- 탐욕스러운 남자 하나가 있었다. 하루는 제 탐욕스러움을 반성하다가 탐복은 지혜를 내워 없애는 내뱃밥이나 불꼬시 개일 뿐이라는 것을 깨닫고 깨달음을 이루기 시작했다.

중요한 것은 깨달음, 즉 최고 행복의 실현은 도전할 만한 충분한 가치가 있다는 점입니다.

소냐 류보머스키 교수나 탈 벤 샤하르 교수 등 많은 행복학자들은 "행복을 위해 중요한 것은 목표 달성보다 목표를 추구하는 '과정'이다."라고 공통적으로 주장하고 있습니다.

따라서 우리가 불교 실천을 통해서 최고 행복(깨달음)의 실현을 추구하다보면 그 과정에서 우리의 행복 수준은 크게 높아질 것이 분명합니다. 높아진 행복 수준은 우리의 인생 자체와 사회를 의미와 즐거움으로 충만하게 할 것입니다.

3절. 부처님의 생애와 행복

석가모니 부처님은 기원전 624년(약 2천 6백년전) 인도 북쪽 '히말라야산 아래(지금의 네팔)에 있던 '카필라(Kapilavastu)'국(國)의 성(城) 밖 '룸비니(Lumbini)' 동산에서 '숫도다나(Suddhodana)'왕과 '마야(Māyā)'왕비 사이에서 왕자로 태어났습니다.

어렸을 때의 성(性)은 '고타마(Gautama)', 이름은 '싯다르타(Siddhārtha)' 였습니다.

석가모니는 산스크리트어 '샤카무니(Śākyamuni)'의 음역(音譯)으로서, 석가는 '샤키야(Śāky)'라는 민족의 명칭이고, 모니(muni)는 성인(聖人)이라는 의미입니다.

<수행본기경>에 의하면, 싯다르타는 태어나자마자 사방(四方)으로 일곱 걸음을 걷고 바른손으로는 하늘을, 왼손으로는 땅을 가리키며, "하늘 위 하늘 아래에 내가 오직 존귀하나니, 이 세상의 모든 괴로움 내가 마땅히 편안케 하리[天上天下唯我獨尊 三界皆苦 我當安之]."라고 하였습니다.

이 말은 부처님 자신뿐만 아니라 모든 중생으로 하여금 괴로움

을 벗어나 행복한 삶을 살 수 있도록 하기 위해 이 세상에 출현했다는 것을 시사(示唆)하고 있습니다.

싯다르타는 일곱 살 때부터 장차 왕위에 오를 태자로서 세간의 '학문'과 '기예(技藝)'를 배우기 시작하였고, 젊은 나이에 이들을 모두 통달하였습니다.

그러나 어느 날 카필라성의 사대문(四大門) 밖을 유람하던 중 동문(東門)에서 늙음, 남문(南門)에서 병듦, 서문(西門)에서 죽음, 북문(北門)에서 수행자를 각각 목격하였습니다. 처음으로 인생의 늙음과 병듦과 죽음을 본 싯다르타는 누구도 피할 수 없는 현실에 고뇌(苦惱)했습니다.

고뇌하던 어느 날 싯다르타는 북문에서 본 수행자의 모습을 떠올리고 세속적인 생활을 접고 종교적인 수행을 통해 '생사(生死)·고뇌'가 없는 우주인생의 궁극적 진리를 찾아 29세 때에 출가(出家)하였습니다.
<중아함경>에서 부처님은 출가한 동기(목적)를 이렇게 설(說)하고 있습니다.

내가 출가한 것은 병듦이 없고, 늙음이 없고, 근심 걱정 번뇌가 없고, 지저분함이 없는 가장 안락한 행복의 삶[涅槃]을

얻기 위해서였다.

요컨대, 부처님은 '생사(生死)가 없고', '고뇌가 없는' 최고 행복한 삶을 위한 우주인생의 궁극적 진리를 깨닫고자 출가한 것입니다.

싯다르타는 출가 후, 당시의 유명한 도인(道人)의 지도를 받으며 산중(山中)이나 또는 강가에서 뼈를 깎는 역경과 고난(苦難)을 겪으면서 고행(苦行)을 수행하여 그들의 도(道)를 모두 통달하였습니다.

여래좌상(석굴암, 국보 제24호, 세계문화유산)

그러나 그것이 생사(生死)와 고뇌가 끊긴 우주인생의 궁극적 진리가 아니라는 것을 알고는, '붇다가야(Buddhagaya)'라는 곳의 보리수(菩提樹) 아래 반석(盤石)에 부드럽고 깨끗한 풀을 푹신하게 깔고 결가부좌(結跏趺坐) 자세로 앉은 싯다르타는 "깨달음을 이루지 못하면 결코 이 자리에서 일어나지 않겠다." 즉, 출가의 목적을 달성하지 못한다면 죽어도 이 자리를 뜨지 않겠다는 굳은 결심을 하고는 독창적인 명상(瞑想)에 들었습니다.

<열반경>에서 깨달음(최고 행복)을 위한 부처님의 진지하고 성실한 구도(求道) 정신을 이렇게 묘사하고 있습니다. 이 이야기 속의 '수행자'는 전생(前生)의 석가모니 부처님입니다.

한 수행자가 히말라야 산속에서 구도 생활을 하고 있었다. 지상에 있는 재보(財寶)나 천상에 있는 영화(榮華)에는 조금도 관심을 두지 않고 오로지 번뇌(煩惱)를 없애 줄 진리만을 추구하며 온갖 역경과 고난을 참고 이겨냈다.

이처럼 진지하고 성실한 수행자의 모습에 감동한 천신(天神)이 그 진실성을 시험하려고 나찰(羅刹: 사람을 잡아먹는 상상의 악귀)로 변신하고 산(山)에 나타나서, 다음과 같은 게송(偈頌)을 읊었다.

우주 만유는 모두가 변한다.[제행무상 諸行無常]
이것이 나고 죽음의 이치다.[시행멸법 是行滅法]15)

이 게송을 들은 수행자는 마치 목이 타던 끝에 시원한 샘물을 찾은 사람처럼 기뻐하며 "아, 이제야 내가 그토록 오래

─────────────────────

15) 불교에서 법(法)이란 크게 네 가지 의미가 있습니다. 첫째는 여기서와 같이 '진리', '법칙'이라는 의미입니다. 둘째는 일체(一切) 즉, 우주만유, 삼라만상, 유형·무형의 모든 존재를 의미합니다. 셋째는 부처님의 가르침(말씀)을 의미합니다. 넷째는 위의 세 가지 의미를 함축하는 말로 쓰이기도 합니다.

구하던 참다운 진리를 얻었구나!"라고 혼잣말을 하면서 그 게송 소리가 난 쪽으로 달려갔다.

그랬더니 소름끼치게 무섭고 추악하게 생긴 나찰이 버티고 서 있었다. 수행자는 불안한 마음으로 그 앞으로 다가가서, "방금 제가 들은 게송을 당신께서 부르셨습니까? 그러시면 나머지 게송을 들려주십시오."라고 간청했다.

나찰이 대답하기를 "그렇소, 내가 읊었소. 그러나 지금은 배가 고파서 더는 못하겠소."라고 대답했다.

그러자 수행자는 "그 게송은 제가 오랫동안 듣고 싶어 하던 신성한 진리인데, 지금 들은 것은 그 첫마디입니다. 부디 나머지도 들려주십시오."라며 애원했다.

그러자 나찰은 "나는 지금 몹시 배가 고파서 따뜻한 인육(人肉)을 먹고 인혈(人血)을 마셔야 나머지 게송을 읊겠소."라며 혀를 낼름거리며 입맛을 다셨다.

온갖 역경과 고난을 참고 이겨내며, 오로지 번뇌를 없애 줄 진리만을 간절히 바라던 수행자가 나머지를 들으면 몸을 바치겠노라고 약속하자, 나찰은 입을 열어 남은 게송을 마저 불렀다.

생멸을 초월하고 나면,[생멸멸기 生滅滅已]
열반의 행복이 있나니.[적멸위락 寂滅爲樂]

게송을 듣고 깨달은 수행자는 한없는 기쁨에 넘쳤다. "확실히 생과 멸이 있는 변화의 세상에서 생과 멸에 얽매이면서 허우적거리는 한, 우리는 결코 진정한 행복을 얻기란 힘든 일입니다."라며 깨달음의 기쁨을 만끽했다.

그리고는 '이대로 내가 죽으면 이 진리의 게송이 세상 사람들에게 전해질 수 없다. 그러면 내가 얻은 깨달음도 뜻이 없다.'라고 생각하고 서둘러서 근처에 있는 나무와 바위에 손 닿는 대로 게송을 써 놓고, 조용히 나무에 올라가 몸을 날려 나찰 앞에 떨어졌다.

그 순간에 나찰은 사라지고, 휘황찬란한 천신(天神)이 수행자의 몸을 정중하게 받들었다.

이 이야기는 부처님이 최고 행복의 경지인 열반(涅槃)을 얻기 위해 목숨을 내놓을 정도로 진지하고 성실한 구도 생활을 하였음을 시사해주고 있습니다.

이에, 부처님은 <증일아함경>에서 "세상에서 행복을 구하는 사람으로서 나보다 더한 사람은 없다."라고 말씀한 것입니다.

명상에 든 부처님은 마침내 '연기(緣起)'를 통찰하고 우주인생의 궁극적 진리를 깨달음으로써 최고 행복의 경지인 열반을 얻었습니다. 부처님의 나이 35세 때였습니다.

석가모니 부처님의 생애

탄생 (기원전 566)	· 룸비니 동산에서 왕자(고타마 싯다르타)로 탄생 · 세속의 학문과 기예를 모두 배움
출가/고행 (기원전 537~531)	· 29세, 생사와 고뇌가 없는 (최고 행복) 진리를 구하고자 출가 · 6년간 고행을 수행
깨달음의 실현 (기원전 531)	· 35세, 독창적인 방법으로 수행(보리수 밑에서 명상) · 열반, 즉 깨달음(최고 행복)을 얻음
설법 (기원전 531~486)	· 녹야원에서 다섯 비구에게 사성제(최고 행복을 실현하는 길)를 설법(최고 행복을 나눔) · 45년간 설법에 전념
입멸(入滅) (기원전 486)	· 80세, 쿠시나가라 사라쌍수에서 입멸 · 우리 스스로와 진리에 의지하여(自燈明 法燈明) 행복한 삶을 살아갈 것을 유훈

깨달음(최고 행복)을 실현한 부처님은 '바라나시(Vārānasī)'의 녹야원(鹿野苑, Mṛgadāva)으로 가서 처음에 함께 수행하던 '아야교진여(Ajñāta-kauṇdinya)' 등 다섯 비구(比丘: 수행자)를 위해 깨달은 진리를 최초로 설(說)했습니다. 즉, 처음으로 깨달음(최고 행복)을 나눈 것입니다.

이어서 45년간 각지를 돌아다니며 설법(說法)하였고, 기원전 544년 80세에 '쿠시나가라(Kuśinagara)'국(國)의 '살라(śāla)'나무 사이에서 열반(涅槃: 入滅)하였습니다. 부처님의 입멸을 모든 고뇌를 끊고 완전한 자유와 최고 행복의 세계로 돌아갔다는 의미에서 반열반(般涅槃)이라고 합니다.

부처님이 입멸 후, 다비(茶毘: 불교의 전통적인 화장 장례의식)를 하자 사리(舍利: 참된 불교수행의 결과로 생기는 구슬 모양의 유골)가 나옴에 따라, 이 사리를 여덟 등분하여 여덟 나라에서 나누어 사리탑을 조성해서 모셨습니다.

1989년에 영국의 인도 주재관(駐在官)이었던 '펫페'가 카필라바스투 근교의 고분(古墳)에서 '석가족이 붓다세존의 유골을 모셨다'는 내용이 새겨진 항아리를 발굴함으로써 이러한 사실이 고고학적으로 입증되었습니다.

산치 대탑(인도)

<열반경>에 다음과 같은 유훈(遺訓)의 가르침이 있습니다.

• 제자들아, 내가 가르친 것을 잊거나 버리지 말라. 항상 간직하고 생각하고 실천하면 늘 행복할 것이다.

• 제자들아, 자기 자신을 등불로 삼고 자기 자신에 의지하라. 진리를 등불로 삼고 진리에 의지하라[自燈明 法燈明].

• 네 마음이 탐욕에 끌려 거기에 빠져들려고 하면 반드시 누르고 유혹을 물리쳐라. 네가 네 마음의 주인이 되어야 한다.

• 사람은 마음가짐에 따라 부처님이 되기도 하고 짐승이 되기도 한다. 미혹에 빠지면 악마가 되고 깨달으면 부처님이 된다. 그러므로 마음을 제어해 정도(正道)에서 벗어나지 않게 해야 한다.

한편, <묘법연화경(이하 '법화경')>에서 부처님이 이 세상에 출현(出現)한 이유를 다음과 같이 설하고 있습니다.

여래(부처님)는 중생으로 하여금 진리를 보는 지혜를 '열어서[開]' 청정하게 하기 위해 이 세상에 출현하며, 중생에게 진리를 보는 지혜를 '보여 주기[示]' 위해 이 세상에 출현하며, 중생으로 하여금 진리를 보는 지혜를 '깨닫게 하기[悟]' 위해 이 세상에 출현하며, 중생으로 하여금 진리를 보는 지혜의 깨달음으로 '들어가게 하기[入]' 위해 이 세상에 출현한다.

요컨대, 부처님은 중생에게 우주인생의 궁극적 진리를 열어서 보여주고, 중생으로 하여금 그 진리를 깨닫게 하기[開示悟入-개시오입] 위해 이 세상에 출현한다는 것입니다.

이상의 부처님의 생애에서 살펴보았듯이, 부처님은 오직 우주인생의 궁극적 진리인 깨달음, 즉 최고 행복을 실현하기 위해 출가하였고, 진지하고 성실한 구도 끝에 최고 행복을 실현하였습니다. 아울러 중생들로 하여금 깨달음, 즉 최고 행복을 실현할 수 있도록 설법하였습니다.

불상(佛像), 즉 부처님상은 대부분 미소를 짓고 있습니다. 그것을 법열(法悅)의 미소라고 합니다. 다시 말해, 우주인생의 궁극적 진리인 깨달음(최고 행복)을 실현한 기쁨의 미소입니다.

소냐 류보머스키 교수가 ≪행복 증진 전략≫에서 이렇게 말했습니다.

대부분의 부처님 얼굴 사진을 보면 부처님은 미소를 짓고 있습니다. 많은 사람들이 '종교'라는 단어를 생각하면 자신이 저지른 죄를 먼저 떠올리는 경향이 있습니다. 하지만 종교 연구 결과를 보면, 진실은 항상 미소 짓는 부처님의 이미지와 오히려 더 유사합니다.

4절. 모든 존재의 실상 - 최고 행복 그 자체

불교에서는 모든 존재를 '일체(sarvan)'라고 합니다. 일체란 우주만유(宇宙萬有), 삼라만상(森羅萬象)을 뜻하는 것으로서 유형(有形)·무형(無形)의 모든 현상, 즉 모든 존재를 의미하는 것입니다.

그러면 모든 존재가 본래 갖고 있는 고유한 특성, 즉 모든 존재의 실상(實相)은 무엇일까요.

그것은 바로 '진여체(眞如體)', 즉 '절대 진리' 그 자체, '최고 행복 세계' 그 자체라는 것입니다.

이는 부처님이 깨달은 '연기'의 법칙(진리)에 근거합니다. 연기(緣起, pratītyasamutpāda)는 인연생기(因緣生起)의 준말인데, 원어(산스크리트어)의 뜻은 '연하여(pratītya '말미암아') 화합해서(sam) 일어난다(utpāda)'라는 의미입니다. 즉, 일체는 서로 다양한 원인[因]과 조건[緣]이 화합해서 생긴다[生起]는 것입니다. 마찬가지로, 원인[因]과 조건[緣]의 화합이 없어지면 결과[果]도 없어진다는 것입니다. 다시 말해, 일체는 독립적으로 존재하는 것이 아니라 다양한 원인과 조건의 화합에 의해서 생기[生]기도 하고 없어지[滅]기도 한다는 것입니다.

이러한 일체의 생멸과정을 인연생기(因緣生起) 또는 인연소생(因緣所生)이라고 합니다. 따라서 연기는 곧 일체(우주만유, 모든 존재)의 '존재법칙'입니다.

<소부경전>에 부처님의 깨달음, 즉 최고 행복의 실현에 대해 다음과 같이 설해져 있습니다.

참으로 진지하게 통찰한 끝에
일체의 존재가 밝혀졌을 때
그의 의혹은 씻은 듯 사라졌다.
연기의 법(法)을 알았기 때문이다.

연기의 진리에 대해 <잡아함경>에,
"이것이 있으므로 말미암아 저것이 있고, 이것이 생김으로 말미암아 저것이 생긴다[此有故彼有 此起故彼起].

이것이 없음으로 말미암아 저것이 없고, 이것이 멸함으로 말미암아 저것이 멸한다[此無故彼無 此滅故彼滅]."
라고 설해져 있습니다.

이는 일체 존재의 실상을 통찰한 진리요, 존재법칙입니다.

이에, <아함경>에서 "연기(緣起)를 보는 자(者)는 곧 법(法)을 보고, 법을 보는 자는 곧 연기를 보느니라."라고 설(說)한 것입니다. 여기서의 법은 '진리'라는 의미입니다. 따라서 이 연기는 불교의 근본 사상이요, 부처님 교설(敎說)의 근간입니다.

연기의 진리에 대해, <잡아함경>에서 '지혜 제일'의 제자(弟子)인 사리불(Śāriputra)이 이렇게 비유를 들어 설명하고 있습니다.

이를테면, 여기에 두 묶음의 갈대 단[束]이 있다고 하자. 이 두 묶음의 갈대 단은 서로 의지하고 있을 때 서 있을 수가 있다. 그것과 마찬가지로 이것이 있으니까 저것이 있는 것이며, 저것이 있으니까 이것이 있는 것이다.

그러나 만약에 그 두 묶음의 갈대 단에서 어느 하나를 떼어 낸다면, 다른 한쪽도 넘어질 수밖에 없으리라. 그것이 마찬가지로 이것이 없으면 저것도 없고, 저것이 없으면 이것도 없는 것이다.

앞의 연기(緣起)에서 언급한 바와 같이, 모든 존재는 독립적으로 존재하는 것이 아니라 다양한 원인과 조건의 화합에 의해서 생기[生]기도 하고 없어지[滅]기도 한다는 진리를 이해할 수 있습니다. 즉, 원인과 조건이 생기면 결과가 생(生)하듯이, 원인과 조건이 없어지면 결과도 멸(滅)하는 것입니다. 이것을 '인과율(因果律)'이라고 합니다.

꽃은 꽃씨라는 원인과 흙, 물, 햇빛 등의 조건이 화합함으로써 꽃이 피고 결과적으로 열매를 맺습니다. 이에, <승만사자후일승대방편방광경(이하 '승만경')>에서 "꽃은 피어나게 하는 인연이 있어서 피고, 잎은 질 만한 인연이 생겨서 바람을 타고 날아간다. 꽃이나 잎이 제철을 벗어나서 홀로 피고 지지 못하듯이, 모든 것이 생멸하는 데에는 인연이 있다."라고 설한 것입니다.

사물의 변화는 이렇게 인과 연의 두 가지가 갖추어져서 일어나는 것입니다. 다시 말해, 모든 존재는 인과 연이 화합하여 결과를 가져오는 것으로서, 인은 직접적인 원인이 되고, 연은 간접적인 조건이 되는 것입니다. 이러

도리사 세존사리탑 금동사리기
(국보 제 208호)

한 현상을 '인연화합(因緣和合)'이라고 합니다.

인연화합에 의해 어떤 결과가 발생하게 되면 그 결과는 다시

그를 발생시킨 원인을 포함한 다른 모든 존재에 대해서 직접적 또는 간접적 영향을 미치는 것은 당연합니다. 다시 말해, 그것은 단순히 결과로서만 머무는 것이 아니라 새로운 인(因)이 되고 연(緣)이 되어 다른 존재와 관계하게 되는 것입니다. 거대한 천체로부터 티끌에 이르기까지 모든 존재는 서로 원인이 되고 결과가 되면서 우주만유를 전개시키고 있는 것입니다. 이러한 것을 '상의상관성(相依相關性)'이라고 합니다.

이와 같이, 모든 존재는 무상(無常)하지만 그들 사이에는 일정한 '인과율'의 관계가 있고, 생멸변화에는 '인연화합'의 관계가 있습니다. 그리고 존재와 존재 사이에는 '상의상관성'이 있습니다.

특히, 상의상관성에는 멸(滅)한 것과 새로 생(生)하는 것이 전혀 별개의 것이 아니라 그들 사이에도 연기적(緣起的) 연결이 있습니다. 즉, 우주는 공간적으로 무변(無邊)한 것이고 시간적으로 무한(無限)합니다. 그러나 공간적으로나 시간적으로나 서로 의지하여 성립되어 있고 동시에 서로 조화를 이루고 있습니다. 다시 말해, 우주만유는 인연에 의해 전체와 부분, 부분과 전체가 원만하게 융화되어 있는 것입니다. 우주만유가 그 내면에 갖고 있는 이러한 특성을 '법주(法住, dharma-sthiti)'라고 합니다.

또, 물이 산소와 수소로 이루어져 있듯이 우주만유는 법칙을 구성 요소(要素)로 하고 있습니다. 즉, 모든 존재는 그 근본 법칙이 있게 마련입니다. 그것을 '법계(法界, dharma-dhatu)'라고 합니다.

법주와 법계를 합쳐서 '법주법계(法住法界)'라고 합니다. 그러므로 우주만유는 법주법계의 법칙 속에 융화되어 있는 것입니다. 이를 우주만유의 '법성(法性)'이라고 합니다.

물론, 법성은 하나의 원리(原理)이지 어떤 형상을 갖고 있는 것은 아닙니다. 그렇다고 법성을 우주만유와 전혀 별개의 것으로 보아서도 안 됩니다. 서로 융화하고 있기 때문입니다. 이러한 현상을 불일불이(不一不二 또는 不一不異)라고 표현합니다. 즉, 하나인 것도 아니지만 그렇다고 둘도 아니라는 것입니다. 마치 '파도(波濤)'와 '바다'는 각기 나름대로의 특수성 때문에 별개의 것이지만 '물'이라는 평등성 하나로 융화되어 있는 것과 같습니다.

법성을 우주만유의 실상이라는 의미에서 '진여법성(眞如法性)', 우주만유의 본체라는 의미에서 '진여체(眞如體)' 또는 '불신(佛身, buddha-kāya)'이라고 합니다. 진여(眞如 tathatā)란 '여실(如實)', '여여(如如)', '진리'와 같은 말입니다. 따라서 우주만유의 실상은 '진여체', 즉 최고 행복 그 자체인 것입니다.

이에, <화엄경>에서 "우주만유가 모두 진여 자체이다."라고 설하고 있는 것입니다.

결국, 우주만유(모든 존재)의 실상은 곧 '진여체', '불신'이며, 따라서 소우주(小宇宙)인 우리 인간 역시 '진여체', '불신'인 것입니다. 즉, 우리 인간을 비롯한 모든 존재는 '절대 진리' 그 자체요, '최고 행복' 그 자체인 것입니다.

그러므로 깨달음(최고 행복)의 실현이란, 나와 우주만유가 연기에 의한 하나의 '진여체', '불신(佛身)'이라는 진리를 체득(증득)하는 것이라고 할 수 있습니다.

이 연기의 진리는 부처님이 지은 것이 아니요, 다만 부처님이 자각(自覺)하고 체득하고 설(說)한 것입니다.

<잡아함경>에 이런 가르침이 있습니다. "연기의 법(진리)은 내가 지은 것도 아니요, 다른 사람이 지은 것도 아니다. 여래(如來: 부처님)가 세상이 나오건 안 나오건 간에 이 연기의 법은 상주(常住)요, 법주(法住)요, 법계(法界)이다. 여래는 다만 이 법을 자각하여 올바른 깨달음을 이루어 중생들에게 설하는 것이다."

이상에서 우리 인간은 단순한 소우주(小宇宙)가 아니라 진여

체(眞如體)요, 불신(佛身)의 소우주라는 놀라운 사실을 확인할 수 있게 되었습니다. 다시 말해, 인간은 진여체요, 불신(佛身)으로서 최고 행복 그 자체라는 것입니다.

이에, 성철(性徹 1912~1993)스님이 어느 '부처님 오신 날 법어(法語)'에서 "자기를 바로 봅시다. 자기가 본래 부처입니다. 유형(有形)·무형(無形)할 것 없이 우주의 삼라만상이 모두 (부처요) 자기입니다. 그러므로 반짝이는 별, 춤추는 나비 등등이 모두 (부처요) 자기입니다."라고 한 것입니다.

*　　*　　*

한편, <승만경>에서 "그물이 수많은 그물코가 이어져서 짜졌듯이 우주만유도 수많은 작은 성분이 모여서 생겼다. 그러므로 그물코가 따로따로 떨어진 것이라고 생각하는 것은 잘못이다. 그물은 수많은 그물코를 연결해서 얽혀 있기 때문에 그물이라고 하고, 그물코 하나하나는 제각기 한 자리를 차지하고 다른 그물코들을 연결해 주는 구실을 한다."라고 설하고 있습니다. 이는 우주만유가 중중연기(重重緣起) 속에 서로 얽혀 있음을 묘사하고 있는 것입니다.

이 중중연기의 진리는 우리가 시시각각 움직이는 일거수 일투

족(一擧手 一投足)이 우리 자신의 미래를 규정하는 요소만이 아니라, 우리 주위에 좋고 나쁜 영향을 주고 있음을 일깨워 주는 것입니다.

천재적인 물리학자 알버트 아인슈타인(1879~1955)의 상대성 이론과 통일장 이론도 이러한 맥락에서 이해할 수 있습니다. 이 이론에 의하면 건물 위에서 땅에 떨어뜨린 쇠로 만든 공은 미세하지만 지구의 일부, 태양계의 일부, 나아가 은하계의 일부에도 영향을 미친다는 것입니다.

쇠로 만든 공은 하나의 '고체'이지만 그 속성은 '운동'하고 있는 입자들의 집합체입니다. 입자를 이루고 있는 원자와 분자는 더 작은 미립자와 에너지 파동으로 구성되어 있습니다. 따라서 이 쇠공이 운동할 때 미세하지만 확실하게 존재하는 '파동'이 지구와 우주 전체에 영향을 준다는 것입니다.

이 미립자와 파동은 어느 물질에나 존재합니다. 이 미립자와 파동은 별개로 존재하지 않고 서로 분리할 수 없으며 항상 상호작용을 하고 있습니다.

이에, 물리학자 존 스튜어트 벨(1928~1990)은 1964년에 복잡한 수학 공식을 통해 우주의 다양한 미립자와 파동은 긴밀하게 연결되어 있다고 정의한 바 있습니다.

이러한 중중연기의 진리는 인간을 포함한 우주만유가 '대립'이 아닌 '융화'의 존재가 되어야 한다는 것을 일깨워주고 있습니다. 또한, 우리 모두는 행복해야 할 '권리'와 행복을 나눌 '의무'를 동시에 갖고 있음을 일깨워주고 있습니다. 왜냐하면, 중중연기의 관계 속에서는 내가 행복하면 이웃도 행복해지고 내가 불행하면 이웃도 불행해지기 때문입니다.

하버드대학과 UC샌디에이고대학의 공동연구팀이 연구한 바에 의하면, '행복한 사람이 옆집에 살면 34% 정도 행복지수가 더 올라갔고, 1.6km 이내에 거주하면 14% 더 높아졌다.'고 합니다. 또, 행복한 사람의 친구는 15%, 친구의 친구는 10%, 친구의 친구의 친구는 6% 더 행복하다는 연구 결과도 있습니다. 즉, 행복은 전염된다는 것입니다. 불행도 마찬가지입니다. '불행지수가 상대적으로 높았던 사람들의 친구가 불행해질 가능성은 15% 더 높았다.'고 합니다. 독일의 한 연구에 의하면, 주변에 신경이 예민한 사람이 있으면 예민함이 전염되어 정신적으로 스트레스를 받게 된다고 합니다.

한편, 원자·분자·소립자 등 아주 미세한 세계의 물체 움직임이나 작용을 연구하는 현대 '양자역학' 과학자들에 의하면, "한번 상호작용을 한 입자들은 아무리 멀리 떨어져 있어도 서로 영향을 준다."는 것입니다. 과학자들은 이러한 현상을 '양자 얽힘' 이론이라고 합니다. 이 '양자 얽힘' 이론은 우리가 인간을 비롯한 모든 존재와의 관계를 '나쁜' 인연이 아니라 '좋은' 인연이 될 수 있게 노력하지 않으면 안 된다는 것을 말해주는 것입니다.

결국, 불교의 중중연기는 우리 모두가 행복하기 위해서는 서로 대자대비(大慈大悲)의 정신을 실천해서 행복을 함께 나누어야 함을 일깨워주고 있습니다.

5절. 인간의 본성 - 최고 행복 그 자체

우리는 앞에서 모든 존재의 실상은 '진여체(眞如體)', '불신(佛身)', 즉 절대 진리 그 자체요, 최고 행복 그 자체라는 것을 살펴보았습니다. 따라서 소우주인 인간 역시 절대 진리 그 자체, 최고 행복 그 자체라는 것을 이해할 수 있었습니다. 이는 인간을 비롯한 모든 존재의 실상을 '물질적인 측면'에서 통찰한 진리입니다.

그러면 '정신적인 측면'에서의 인간의 본성은 무엇일까요. 인간의 본성이 무엇인지를 통찰하기 위해서는 인간의 인식체계, 즉 인간이 모든 존재를 어떻게 인식하는지를 이해할 필요가 있습니다.

불교에서는 인간 주체가 객관 대상인 모든 존재를 어떻게 인식하는가를 치밀하고도 심오하게 제시하고 있습니다. 그것이 바로 팔식(八識, aṣṭavijñāna) 즉 '여덟 가지 마음 작용'입니다. 여덟 가지 마음 작용은 다음과 같습니다.16)

---

16) 인식 대상인 '색(色)·성(聲)·향(香)·미(味)·촉(觸)·법

① 안식(眼識) : 시각 기관(眼, 눈)으로 시각 대상(色, 물체)을 식별하는 마음 작용.

② 이식(耳識) : 청각 기관(耳, 귀)으로 청각 대상(聲, 소리)을 식별하는 마음 작용.

③ 비식(鼻識) : 후각 기관(鼻, 코)으로 후각 대상(香, 냄새)을 식별하는 마음 작용.

④ 설식(舌識) : 미각 기관(舌, 혀)으로 미각 대상(味, 맛)을 식별하는 마음 작용.

⑤ 신식(身識) : 촉각 기관(身, 몸)으로 촉각 대상(觸, 촉감)을 식별하는 마음 작용.

안식(眼識) · 이식(耳識) · 비식(鼻識) · 설식(舌識) · 신식(身識) 등 다섯 가지를 '전5식(前五識)'이라고 합니다.

전5식은 객관 경계의 대상을 있는 그대로 인식하는 역할만 합니다. 즉, 사량분별(思量分別) 작용은 하지 않습니다.

따라서 전5식은 다만 '나'라는 주관과 외부 대상인 객관을 연결하는 통로(通路) 역할만 합니다. 다시 말해, 전5식은 대상에

(法)', 인식(감각) 기관인 '안(眼) · 이(耳) · 비(鼻) · 설(舌) · 신(身) · 의(意)', 그리고 인식 기능인 '안식(眼識) · 이식(耳識) · 비식鼻(識) · 설식(舌識) · 신식(身識) · 의식(意識)'을 십팔계(十八界)라고 합니다.

관해 수집한 정보를 육식(六識)인 '의식(意識)'에 보고하는 역할만 합니다.

◎ 의식(意識)의 마음 작용

제6식인 의식(意識)은 전5식과 더불어 객관 경계인 '모습'뿐 아니라 내면 경계인 '성질'까지도 통합적으로 인식하는 데, 전5식과 함께 인식하기도 하지만 홀로 인식하기도 합니다.

의식은 인식한 사실을 '기억'하는 역할, 그리고 미래를 '추측'하는 역할을 합니다. 아울러 대상을 분별, 유추, 비교, 판단하는 작용도 합니다.

이와 같이, 우리 인간은 일체를 있는 그대로의 실상을 보지 못하고 자기 나름대로 사량분별(思量分別)합니다. 즉, 인간은 누구나 과거의 유전적인 경험 정보를 포함해서 세상에 태어난 이후 현재까지의 경험 정보에 의해 구축된 자기 나름대로의 가치관(사고의 틀, 신념, 패러다임, 프레임)을 통해서 일체를 사량분별합니다.

이를테면, 어떤 사람은 파란색을 좋아하고 빨간색을 싫어합니다. 반대로 어떤 사람은 빨간색을 좋아하고 파란색을 싫어합니다. 그리고는 좋아한다고 집착(執着)하고 싫어한다고 집착합니다.

다시 말해, 있는 그대로 보지 않고 자기 나름대로 조작(造作)해서 보고 거기에 집착합니다. 이 집착이 바로 모든 번뇌의 발단입니다.

물론, 사량분별 중에는 진리로운 경우도 있을 수 있고 진리롭지 못한 경우도 있을 수 있습니다. 대체로 진리롭지 못한 경우가 대부분인 것이 현실입니다. 왜냐하면, 본래 파란색이나 빨간색 또는 그 어떤 색도 그 자체는 좋거나(好) 나쁘거나(惡) 또는 좋지도 나쁘지도 않은(捨) 것임에도 불구하고 자신의 가치관에 따라 사량분별하기 때문입니다. 그 어떤 소리도 냄새도 맛도 감촉도 현상도 마찬가지입니다. 일체는 본래 아무런 차별이 없이 평등한 것입니다. 다만, 자신의 가치관(차별심)으로 사량분별할 따름입니다.

이에, <화엄경>에서 "이 세상 모든 것이 다 인연에 따라 생겼으므로 어느 것이나 본질적으로 다른 것이 없는데, 분명한 차별이 보이는 것은 사람들의 어리석은 차별심 때문이다."라고 설한 것입니다.

우리가 대상을 차별적으로 사량분별하게 되면 거기에 집착하게 되고 따라서 온갖 번뇌가 생깁니다. 그러면 내가 주인이 되어 객관 대상을 이끌어 가는 것이 아니라, 반대로 내가 객관 대상에게 끌려 다니는 신세가 됩니다. 끌려 다니는 신세가 되지 않기 위해서는 대상을 차별심(差別心)으로 보지 말고, 평등심(平等心)으로 봄으로써 집착과 번뇌를 일으키지 말아야 합니다. 그래야만 내가 대상에게 얽매이지 않게 되고, 그럼으로써 온갖 번뇌와 고통에서 헤매지 않고 내가 주인으로서 자유롭고 행복하게 살아갈 수 있는 것입니다.

이러한 현실을 <화엄경>에서 "높은 하늘에는 동쪽 서쪽의 구별이 없는데, 사람이 마음대로 구분해 놓고 진리인 것처럼 믿고 있다." 또 <빨리 중부>에서 "사람은 마음 내키는 대로 있음과 없음, 좋고 나쁨, 옳고 그름을 구별해 놓고 평생 동안 끊임없이 집착하면서 고통을 받는다."라며 구체적인 예를 들어서 설하고 있습니다.

석등(영주 무량수전 앞, 국보 제 17호)

그러므로 <잡아함경>에서 "마음이 가는대로 따라가서는 안 된다. 항상 마음을 잘 다스려서 부드럽고 순하게 가져라. 마음이 하늘도 만들고 사람도 만들고 지옥도 만들고 극락도 만든다. 그러니 마음을 쫓아가지 말고 마음의 주인이 되라."라며 평등심으로 대상을 봄으로써 마음의 주인이 될 것을 설하고 있는 것입니다.

차별심은 대상과 부조화(不調和)를 이루게 함으로써 온갖 번뇌를 일으키게 됩니다. 이는 곧 스트레스요, 고통이며 불행입니다. 그러나 평등심은 대상과 조화(調和)를 이루게 함으로써 번뇌를 일으키지 않습니다. 이는 곧 스트레스가 없고, 즐거움이며 행복입니다.

이에, <금강반야바라밀경(이하 '금강경')>에서 "눈으로 보고, 귀로 듣고, 코로 냄새 맡고, 혀로 맛보고, 몸으로 감촉하고, 마음으로 현상을 인식하는 것에 집착하지 말아야 한다. 깨달음으로 가는 사람은 모든 것에 집착하지 않는다."라고 설한 것입니다.

즉, 일체의 현상을 차별심이 아닌 평등심으로 인식하는 것이 우리가 깨달음의 길, 최고 행복의 길로 가는 것임을 일깨워주고 있습니다.

<숫타니파타(경집)>에 이런 가르침이 있습니다. "좋아하는 것이나 좋아하지 않는 것이나 다 버리고 아무 것에도 집착하지 않고 온갖 속박에서 벗어난다면, 그는 세상에서 행복하게 살아갈 것이다."

한편, 우리는 아침에 일어나면 어제의 일을 기억하고, 일어난 그 시점부터 어제의 연속으로 행동하는 것이 가능합니다. 이처럼

인간의 의식은 왜 연속적으로 작용할 수 있을까요. 이는 제7식인 '말나식(末那識)', 그리고 이 말나식의 근본이 되는 제8식인 '아뢰야식(阿賴耶識)'이 있기 때문입니다.

◎ 말나식의 마음 작용

제7식인 말나식(識)의 말나(manas)는 의(意)라는 뜻으로서 사량(思量)을 의미합니다. 따라서 이 제7식도 제6식과 마찬가지로 사량분별합니다. 다만 제6식은 '의식적'으로 사량분별하는데 반해, 제7식은 '무의식적'으로 사량분별하는 차이가 있습니다.

말나식은 제6식의 의지처(依支處) 역할을 하며, 자체적으로 또는 제8식인 아뢰야식에 의지하여 활동하는 마음입니다.

말나식은 안으로는 '나'에 대해 집착하는 아집(我執), 밖으로는 모든 것에 대해 집착하는 법집(法執) 등의 근본 번뇌를 일으킵니다.

특히 아집으로 말미암아, 첫째 마음이 혼탁해져 참나(眞我)를 망각하는 아치(我痴), 둘째 나에 대한 편견을 일으키는 아견(我見), 셋째 자타(自他)가 평등함을 망각하고 자기만이 제일이라는 아만(我慢), 넷째 자신에 대한 애착으로 배타적인 차별심을 일으키는 아애(我愛) 등의 번뇌가 생깁니다.

제7식에서 생긴 다양한 번뇌는 제6식에 많은 번뇌를 일으키게 하는 작용을 합니다.

또, 이 말나식은 악행을 작용하게 하고, 그로 인해 많은 과보(果報)를 조성하게 하며, 윤회(輪廻)하도록 하는 원동력이 됩니다.

번뇌의 분석에서 시작한 불교는 사실 오늘날 서구의 최첨단의 학문보다 앞서 있지요. 이것은 서구의 지식인은 거의 다 인정합니다. 오늘날 문제시되는 '구조주의(構造主義)'도 불교에서는 더 명확하게 설명을 하고 있으니까요. 사실 불교의 기초인 육근·육경·육식의 십팔계설(十八界說)만 보아도 인간이 지각하는 주체와 지각되어지는 객체가 명확하게 설명이 되어 있는데, 사실 서양의 지각 심리학은 도저히 여기에 미치지 못하여 구조주의에서 말하는 '의미하는 것(Signifiant)'과 '의미를 부여받은 것(Signifie)'의 분석보다 더 심오하지요.

이는 현대 프랑스의 대표적 소설가의 한 사람인 로버트 펭제(Robert Pinget)가 1984년에 우리나라 통도사를 방문해서 명정스님과 나눈 대화의 일부입니다. 요컨대, 불교의 지각 심리학이 현대 서양의 지각 심리학보다 앞서 있다는 것입니다.

◎ 아뢰야식의 마음 각8

제8식인 아뢰야식(識)의 아뢰야(ālaya)는 '저장한다(藏)'라는 의미를 갖고 있습니다. 따라서 이 아뢰야식은 일체를 저장하는 마음이라는 뜻에서 장식(藏識)이라고도 합니다.

그리고 이 아뢰야식은 제7식에 대해서 뿌리와 같은 역할을 하고 생명을 보존하고 유지시키는 역할을 합니다. 즉, 마음의 근본이며 주체가 바로 이 아뢰야식입니다.

우리가 말하는 것과 행동하는 것은 물론 생각하는 것까지 그것이 선(善)한 것이든 악(惡)한 것이든 모두가 업(業)의 종자(種子)가 되어 반드시 이 아뢰야식에 저장되어 끊임없이 상속(相續)됩니다.

그러므로 이 종자에는 과거의 유전적인 것은 물론, 출생 후 현재까지의 말과 행동과 생각이 하나도 빠짐없이 모두 저장되어 있습니다. 따라서 이 아뢰야식은 유전적 요소는 물론, 경험에 의한 기억 그리고 경험 의해 형성된 성격 등이 결합된 심리적 기제(基劑)인 것입니다.

또한, 이 아뢰야식은 보존된 종자를 기타의 식(識)에 공급하여 발동(發動)하게 함으로써 모든 선악의 행동을 하게 하는 작용도 합니다. 따라서 우리 개개인의 선행이나 악행 등 모든 활동은 이 아뢰야식이 근본이 되어 생기는 것입니다. 마치 아뢰야식은 바닷물과 같고 그 외의 식(識)은 바닷물에서 일어나는 크고 작은 파도와 같습니다.

제8식인 아뢰야식이 근본이 되어 제7식인 말나식과 제6식인 의식이 함께 영향을 주고받으며 활동합니다. 우리가 보통 지각할 수 있는 것은 제6식인 의식뿐이지만 그것을 내면적으로 조종하는 말나식과 아뢰야식도 언제든지 의식과 함께 활동하는 것입니다.

그렇지만 아뢰야식은 앞의 제6식인 의식이나 제7식인 말나식과 같이 사량분별하지 않습니다. 이 아뢰야식은 완전히 무의식적(無意識的)이기 때문입니다.

원효(元曉 617~686)대사는 ≪대승기신론소≫와 ≪대승기신론별기≫에서 제8식은 "선과 악을 포용하는 거대한 바다와 같다." 그리고 제7식은 "자아(自我) 의식에 의하여 좌우되는 아만(我慢)의 마음이다." 그리고 제6식은 "탐욕과 분노와 어리석음으로 나타나게 되는 생멸적(生滅的) 작용을 거듭한다."라고 설명하고 있습니다.

중요한 것은 아뢰야식은 물론 말나식과 의식은 모두 생멸변화(生滅變化)한다는 점입니다. 즉, 연기(緣起)한다는 것입니다. 다시 말해, 다양한 원인과 조건에 의해 생멸변화(生滅變化)를 거듭

합니다.

따라서 제6식인 의식은 물론 제7식인 말나식과 제8식인 아뢰
야식은 좋은 인연을 만나면 좋게, 나쁜 인연을 만나면 나쁘게 변
하는 것이므로 불교의 실천을 통해서 좋게 변하도록 해야 한다는
것입니다.

마음의 구조

전5식(前五識)	· 안식, 이식, 비식, 설식, 신식을 말함 · 판단(분별)없이 제6식에 전달(통로역 할)만 함 · 따라서 번뇌가 없음
제6식 : 의식 <의식의 마음>	· 제5식에서 전달받은 바깥 대상을 종합 적으로 판단(분별) 및 과거와 미래를 사유하는 마음 · 따라서 '분별번뇌'를 야기함
제7식 : 말나식 <무의식의 마음>	· 모든 현상을 이기적이고 자기중심적으 로 분별하고 생각하고 집착하는 마음 · 따라서 '근본번뇌'를 야기함
제8식 : 아뢰야식 <무의식의 마음>	· 유전과 출생 후의 모든 경험을 종자 (種子)로서 축적하는 마음 · 연기의 근본주체로서 선악의 행동을 야기 · 불성과 번뇌가 공존(불성이 번뇌에 덮여 있음)

더욱 중요한 것이 있습니다. 그것은 제8식인 아뢰야식은 본래 청정한 진여심(眞如心), 즉 불성(佛性) 그 자체라는 점입니다. 그러므로 이 아뢰야식은 '여래(如來)를 내장(內藏)한다'는 뜻에서 여래장(如來藏)이라고 표현되기도 합니다. 여래는 부처님, 곧 불성을 의미합니다.

따라서 인간을 비롯한 모든 중생은 다 같이 불성(佛性, Buddha-dhātu), 즉 깨달음(최고 행복)의 성품을 갖고 있다는 것입니다. 다만, 불성이 과거 유전적인 업(業)과 태어나서부터 현재까지의 업에 의해 생긴 번뇌로 덮여져 있을 뿐입니다. 마치 금덩어리가 흙먼지에 덮여져 있는 것과 같습니다.

그러므로 번뇌에 덮인 인간 본래의 성품인 불성(佛性)을 깨치면 그것이 곧 깨달음, 즉 최고 행복을 실현하는 것입니다. 하지만 이는 지식이나 이론만으로는 불가능하며 불교 실천을 통해서 번뇌를 정화(淨化)하고, 나아가 일체를 있는 그대로 여실(如實)하게 보는 지혜를 개발하여 그 지혜를 체득함으로써 가능한 것입니

다.

이에, <범망경노사나불설보살심지계품제십(이하 '범망경')>에서 "부처님은 이미 불성에 도달한 분이고, 중생은 불성에 도달할 수 있는 자들이다. 이것이 양자 간의 차이점의 전부이다."라고 설하고 있는 것입니다.

결국 인간의 본성은 불성(佛性), 즉 깨달음(최고 행복) 그 자체라는 것입니다. 다만, 일체에 대한 차별심에 의해 생긴 집착과 업(業)에 의한 번뇌로 덮여져 있을 뿐이라는 것입니다.

그러므로 <열반경>에서 "일체 중생에게 불성이 있으나 번뇌에 뒤덮여 있어 해탈하지 못하고 있을 뿐이다."라며 인간을 포함하는 모든 중생은 일체를 있는 그대로 여실하게 보는 지혜를 개발하고 번뇌를 정화함으로써 마음의 본성인 불성을 회복하여 깨달음, 즉 최고 행복을 실현할 수 있음을 천명(闡明)한 것입니다.

이상으로 인간의 본성은 불성(佛性), 즉 깨달음의 성품, 최고 행복의 성품을 갖고 있다는 사실에 대해 알아보았습니다. 앞의 4절에서 모든 존재의 실상이 진여체(眞如體)라는 진리가 밝혀진 바 있습니다. 이 5절에서는 인간의 본성이 불성(佛性)이라는 진리가 밝혀졌습니다. 전자가 '물질적' 측면에서 밝혀진 진리라면 후자는 '정신적' 측면에서 밝혀진 진리입니다.

이렇게 우리는 서로 다른 측면에서 깨달음, 즉 최고 행복 그 자체라는 사실, 따라서 최고 행복을 함께 누리고 함께 나누어야 할 존재라는 사실이 밝혀진 것입니다. 이러한 사실이야말로 가장 의미있고 가장 즐거운 일이요, 가장 행복한 일이 아닐 수 없습니다!

6절. 현실 세계의 실상 - 최고 행복의 세계 그 자체

우리가 현실 세계의 실상(實相)이 무엇인가'를 파악하는 것은 매우 중요합니다. 왜냐하면, 현실 세계의 실상이 무엇인가에 따라 우리의 생각과 행동이 크게 영향 받을 수밖에 없기 때문입니다. 다시 말해, 인간은 현실 세계의 실상을 어떻게 인식하느냐에 따라 즐거움과 고통, 행복과 불행 등이 크게 좌우될 수 있기 때문입니다.

그러면 현실 세계의 실상은 무엇일까요. 현실 세계의 실상이 무엇인지는 '사법인설(四法印說)'에서 찾을 수 있습니다. 사법인의 법(法)은 진리를 뜻합니다. 인(印)은 인장(印章) 즉, 도장이라는 뜻입니다. 따라서 사법인은 불교의 네 가지 진리임을 확인한 표지(標識)라는 의미입니다.

사법인이란 제행무상(諸行無常), 일체개고(一切皆苦), 제법무아(諸法無我), 열반적정(涅槃寂靜)의 네 가지 진리를 말합니다. 사법인의 내용은 다음과 같습니다.

① 제행무상(諸行無常)

제행(諸行)17)은 모든 존재(현상)를 의미합니다. 무상(無常)은 상존하지 않는다는 의미입니다. 따라서 제행무상이란, 정신계와 물질계의 모든 현상은 생멸변화(生滅變化)한다는 것입니다. 거대한 천체로부터 티끌에 이르기까지 모든 존재는 끊임없이 생멸변화하고 있습니다. 모든 생명은 생로병사(生老病死)하고, 모든 물질은 성주괴공(成住壞空), 즉 생성되고 머무르고 파괴되고 없어지는 것이 이치입니다. 이는 모든 존재의 '시간적' 특성이라고 할 수 있습니다.

무상은 병사(病死)와 같이 나쁘게 변화하는 것뿐 아니라 건강회복과 같이 좋게 변화하는 것도 포함하는 것입니다. 무상하기 때문에 괴로움(苦)이 생기지만, 무상하기 때문에 괴로움이 즐거움(樂)으로 변화할 수 있는 것입니다.

② 일체개고(一切皆苦)

일체(一切)는 모든 존재(현상)를 의미입니다. 개고(皆苦)는 모

---

17) 제행(諸行), 일체(一切), 제법(諸法)은 다 같은 뜻으로서 '모든 존재(모든 현상)'를 의미합니다.

두 고통(괴로움)이라는 의미입니다. 따라서 일체개고란, 모든 현상은 고통이라는 것입니다. 태어나고[生], 늙고[老], 병들고[病], 죽는 것[死]은 (육체적)고통입니다. 미운 것과 만나고[怨憎會], 사랑하는 것과 헤어지고[愛別離)], 구하는 것을 얻지 못하는 것[求不得] 또한 (정신적)고통입니다. 한 마디로 인간의 실존적 현실은 고통이라는 것입니다.

물론, 우리 삶의 현실에는 즐거움도 있습니다. 그러나 그 즐거움은 언젠가는 붕괴(崩壞)되는 것으로서 영원한 즐거움이 아닙니다. 모든 현상이 고통인 이유는 모든 현상이 무상(無常)하기 때문입니다.

③ 제법무아(諸法無我)

제법(諸法)은 모든 존재(현상)를 의미입니다. 무아(無我)는 실체가 없다는 의미입니다.18) 따라서 제법무아란, 모든 현상은 실체(實體)가 없다는 것입니다. 다시 말해, 모든 현상은 인연(因緣), 즉 직접적인 인(因)과 간접적인 연(緣)에 의하여 생겨나는 것이므로

---

18) 불교에서 무아(無我)는 두 가지 뜻이 있습니다. 하나는 여기서와 같이, 모든 존재는 그 실체(實體)가 없다는 의미입니다. 다른 하나는 불교명상 중에 깊은 삼매(三昧)에 든 경지(境地)를 의미합니다.

언젠가는 그 개체가 소멸하기 때문에 '나(我)'라고 하는 실체가 없다는 것입니다. 이는 모든 존재의 '공간적' 특성이라고 할 수 있습니다.

모든 현상은 인연에 따라 모이고 흩어져 생멸하는 것으로서 실재성(實在性)이 없습니다. 따라서 모든 현상은 독립적으로 존재할 수 없는 것입니다.

④ 열반적정(涅槃寂靜)

열반적정이란, 모든 고통과 번뇌로부터 벗어난 이상(理想)의 경지인 '열반의 세계는 적정(寂靜)하다'는 것입니다. 즉, 열반의 세계는 어떤 고통도 번뇌도 없는 최고의 안락한 세계, 최고의 행복한 세계라는 것입니다.

금동미륵반가사유상−생로병사를 고민하여 명상에 잠긴 싯다르타 태자의 모습에서 비롯된 것임.
(국보 제83호, 국립중앙박물관)

앞의 제행무상, 일체개고, 제법무아는 현실 세계에 대한 심오한 이지적(理智的) 통찰에 의해 확립된 진리입니다. 이에 대해 열반적정은 불교 실천에 의해 실현되는 당위(當爲)의 세계, 진리의 세계, 깨달음의 세계, 극락의 세계, 최고 행복의 세계입니다.

열반(Nirvana)은 산스크리트어 '니르바나'의 음역이고, 적정은 그 의미를 옮긴 것입니다. 열반은 온간 고통과 번뇌의 불이 꺼진 상태, 일체의 객관 대립이 없는 상태로서 고요하고 청정(淸淨)한 적정의 경지입니다. 즉, 열반의 세계는 깨달음의 세계, 최고 행복의 세계로서 '상락아정(常樂我淨)'의 세계라는 것입니다.

다시 말해, 깨달음의 세계인 상락아정은, 일체가 무상(無常)한 것이 아니라 영원[常]하고, 고통(苦)이 아니라 행복[樂]이며, 인연에 속박된 거짓 나[無我]가 아니라 인연을 벗어난 자유자재(自由自在)한 참나[眞我]이고, 예토(穢土)의 더러운[不淨] 세계가 아니라 정토(淨土)의 깨끗한[淨] 세계라는 것입니다. 따라서 상락아정의 세계는 최고 행복(극락)의 세계입니다.

이에, 원효(元曉 617~686)대사는 《대승기신론소》에서 상락아정을 "영원하고 행복하고 자유자재하고 더러움이 없는 경지"라고 언급하고 있습니다.

한편, 부처님이 입멸할 때, 동서남북 사방에 각각 한 쌍씩 여덟 개의 사라(紗羅) 나무가 서 있었다고 합니다[娑羅雙樹]. 즉, 동쪽에는 무상(無常)과 영원(常)의 나무, 남쪽에는 고(苦)와 행복(樂)의 나무, 서쪽에는 무아(無我)와 참나(眞我)의 나무, 북쪽에는 부정(不淨)과 정(淨)의 나무가 쌍으로 있었다는 것입니다.

이는 무상·고·무아·부정의 '예토(현실) 세계'와, 상·락·아·정의 '정토(깨달음) 세계'가 서로 융화하고 있음을 일깨워 주고 있는 것입니다. 따라서 이 세상은 중생의 육안(肉眼)으로 보면 예토가 보이고, 부처님의 불안(佛眼)으로 보면 정토가 보이는 것입니다. 즉, 이 세상은 깨달음을 실현하기 전에는 예토이지만 깨달음을 실현하면 곧 정토의 세계요, 최고 행복의 세계인 것입니다.

이에, <열반경>에서 "이 세계는 어느 한 쪽만 보면 확실히 탐욕과 부정과 유혈극만 있는 악마의 나라로 보인다. 그러나 부처님의 가르침을 믿게 되면 피는 젖으로 변하고, 탐욕은 자비심으로 변해서 악마의 나라가 마침내 정토(淨土)가 된다."라고 설하고 있는 것입니다.

이러한 사법인설은 현실세계가 무상·고·가아(무아)·부정의 예토세계라는 것을 통찰하고, 나아가 불교 실천을 통해서 깨달음의 세계인 상·락·아·정의 정토세계로 들어갈 수 있음을 명확하게 제시하고 있는 것입니다. 현실세계와 열반세계가 따로따로 존재하는 것이 아닙니다. 서로 융화하고 있는 것입니다.

즉, 깨달음의 세계인 열반적정은 초능력이 발휘되는 세계가 아니며 초자연적인 세계가 아닙니다. 그것은 현실을 있는 그대로 여실(如實)하게 볼 수 있는 통찰의 지혜가 실현된 최고 안락의 세계요, 최고 행복의 세계인 것입니다.

사법인(四法印)

현실세계 (중생의 세계)	이상세계 (열반-최고 행복의 세계)
①제행무상(諸行無常) · 모든 존재는 변함(시간적 특성) ②일체개고(一切皆苦) · 모든 존재는 무상하므로 고통임 ③제법무아(諸法無我) · 모든 존재는 실체가 없음 (공간적 특성)	④열반적정(涅槃寂靜) · 상락아정(常樂我淨)의 세계. 즉, 열반의 세계는 절대 영원(常)하고, 행복 (樂)하고, 참나(我)가 확 립되어 있고, 깨끗한(淨) 세계임(무상과 무아가 체 득된 세계)

이에, <법구경>에서 "도시면 어떻고 시골이면 어떤가, 산속이면 어떻고 시장바닥이면 어떤가, 진리에 깨어있는 이에게는 이 모두가 축복의 땅이 아닌가."라고 설한 것입니다.

그러므로 성철(性徹 1912~1993)스님은 한 '신년(新年) 법어'에서 "행복은 원래 시공(時空)을 초월하고 시공을 포함하니, 이 행복의 물결은 항상 우주에 넘쳐 있습니다. 현실의 참모습은 영원하고 무한한 절대(絕對)의 진리 위에 서 있습니다."라고 한 것입니다.

이로써 우리의 현실세계는 단순히 무상·고·무아·부정의 예토 세계가 아니라 상·락·아·정의 정토 세계(최고 행복의 세계)가 융화하고 있다는 놀라운 사실을 확인할 수 있게 되었습니다. 다시 말해, 현실세계의 실상은 최고 행복의 세계 그 자체라는 것입니다!

이상에서 우리는 세 가지 중요한 사실(진리)을 확인할 수 있었습니다.

첫째는 인간을 포함한 모든 존재의 실상은 진여체(眞如體), 즉 최고 행복 그 자체라는 것입니다.

둘째는 우리 인간의 본성은 불성(佛性), 즉 최고 행복 그 자체라는 것입니다.

셋째는 우리가 살고 있는 이 세상은 열반(涅槃), 즉 최고 행복 세계 그 자체라는 것입니다.

첫 번째 사실이 물질적 측면에서 밝혀진 진리라면, 두 번째 사실은 정신적 측면에서 밝혀진 진리입니다. 세 번째 사실은 앞의 두 가지 진리를 포괄하는 실제적·실천적 진리라고 할 수 있습니다.19)

---

19) 중요한 것은 이 세 가지 사실, 즉 인간을 포함한 모든 존재의 실상은 진여체(眞如體)로서 최고 행복 그 자체라는 것, 우리 인간의 본성은 불성(佛性)으로서 최고 행복 그 자체라는 것, 우리가 살고 있는 세계는 열반(涅槃)으로서 최고 행복 세

이러한 사실(진리)이야말로 가장 의미있고 가장 즐거운 일이요, 가장 행복한 일이 아닐 수 없습니다! 이제, 우리 모두는 고귀하고 존엄한 존재로서 최고 행복을 누려야 할 기분 좋은 '권리' 그리고 최고 행복을 다른 사람(존재)들과 함께 나누어야 할 기분 좋은 '의무'가 있을 따름입니다.

이 보다 더 좋은 삶이 어디에 또 있겠습니까! 이 보다 더 좋은 세상이 어디에 또 있겠습니까!

성철(性徹 1912~1993)스님은 '법어집' ≪영원한 자유의 길≫에서 이렇게 말했습니다.

"부처님은 이 세상을 구원하러 오신 것이 아니요, 이 세상이 본래 구원되어 있음을 가르쳐 주려고 오셨습니다.

이렇듯 크나큰 진리 속에서 살고 있는 우리는 참으로 행복합니다."

자, 그러면 우리가 최고 행복을 누리면서 최고 행복을 나누는 실천의 길((道, 到)인 '팔정도'와 '육바라밀'에 대해 다음의 '7절'에서 알아보기로 합니다.

계 그 자체라는 것은 비록 불교 용어로 표현되었지만 그것은 불교인이든 아니든 상관없이 누구나 누려야 할 '권리'요, 나누어야 할 '의무'라는 것입니다.

7절. 불교의 실천 덕목 - 최고 행복을 실현하는 길

깨달음을 실현하는 길, 즉 최고 행복으로 가는 구체적인 길이 바로 '팔정도(八正道, āryāṣṭāṅgika-mārga)'와 '육바라밀(六波羅密, ṣaḍ-pāramitā)'입니다.

팔정도는 깨달음으로 인도(引導)하는 성스러운 여덟 가지 길(道)을 말하고, 육바라밀은 깨달음의 피안(彼岸)에 이르는 여섯 가지 길(到)을 말합니다.

팔정도는 상좌불교의 실천 덕목이고, 육바라밀은 대승불교의 실천 덕목입니다. 따라서 팔정도나 육바라밀은 다 같이, 중생이 고통과 번뇌를 끊고 최고 행복(깨달음)의 세계로 가기 위해 실천해야 하는 길(道, 到) 또는 덕목(德目)인 것입니다.

그러므로 팔정도와 육바라밀은 불교의 궁극적 목적, 즉 스스로 최고 행복(깨달음)을 실현하고[上求菩提], 아울러 모든 중생이 최고 행복(깨달음)을 누릴 수 있도록 나누는[下化衆生] 실천 덕목인 것입니다.

이에, <빨리 상응부>에서 "중생이 고통의 세상에서 빠져나오려면 팔정도를 청정하게 간직하고 유일한 고통의 근원인 번뇌를 멸해야 한다. 번뇌를 멸하는 도(道)는 깨달음뿐이고, 깨달음을 얻는 도(道)는 오직 '팔정도'뿐이다."

또 <화엄경>에서 "만약 중생으로서 행복(安樂)하기를 원하는 이는 마땅히 자비로운 마음을 닦아서 제어하고 항상 '육바라밀'을 수행(실천)하면 깨달음을 증득할 것이다."라고 설하고 있는 것입니다.

팔정도나 육바라밀은 불교의 근본 교설인 '사성제설(四聖諦說)'에 근거하고 있습니다. 사성제(catvāri-āryasatyāni)란, 고집멸도(苦集滅道)의 사제(四諦: 네 가지 성스러운 진리)를 말합니다.

고성제(苦聖諦)는 중생의 현실 세계는 괴로움이라는 것입니다. 태어나고[生]·늙고[老]·병들고[病]·죽고[死]·미운 것과 만나고[怨憎會]·사랑하는 것과 헤어지고[愛別離]·구하는 바를 얻지 못하는[求不得] 것은 괴로움입니다.

집성제(集聖諦)는 괴로움은 그냥 생기는 것이 아니라 탐욕[貪]·분노[瞋]·어리석음[癡] 이 세 가지 독(毒)에 의한 집착 때문에 생긴다는 것입니다.

멸성제(滅聖諦)는 일체의 괴로움이 소멸한 멸진(滅盡) 상태는 열반(涅槃), 즉 최고 행복의 세계라는 것입니다.

도성제(道聖諦)는 괴로움을 없애는 길[道]을 제시한 진리입니다.

결국, 고성제와 집성제는 현실 세계의 인과관계를 밝힌 진리이며, 멸성제와 도성제는 이상 세계의 인과관계를 밝힌 진리입니다. 따라서 고성제는 깨달음(최고 행복)을 얻기 위해 마땅히 '알아야 할' 진리요, 집성제는 마땅히 '끊어야 할' 진리며, 멸성제는 마땅히 '증득해야 할' 진리요, 도성제는 마땅히 '닦아야 할' 진리입니다.

1. 팔정도

① 정견(正見, samyag-dṛṣṭi)이란, '올바른 견해'라는 뜻으로서 모든 현상을 올바르게 보는 견해를 갖고 현혹되지 않는 것을 말합니다. 구체적으로 올바른 가치(진리)관 내지 올바른 인생관·올바른 세계관을 갖는 것입니다.

② 정사유(正思惟, samyak-saṃkalpa)란, 정사(正思)라고도 하는데 '올바른 사유'라는 뜻으로서 올바른 생각, 올바른 마음가짐, 또는 그렇게 하고자 하는 올바른 의지나 올바른 결심을 말합니다. 구체적으로 '탐욕'과 '화냄(분노)'과 '어리석음'에 빠져들지 않는 것입니다.

③ 정어(正語, samyag-vāc)란, 올바른 말이라는 뜻으로서 '올바른 언어생활'을 의미합니다. 구체적으로 거짓말(妄語), 악한 말(惡語), 이간질하는 말(兩舌), 꾸며대는 말(綺語)의 네 가지를 하지 않는 것입니다.

④ 정업(正業, samyak-karmānta)이란, '올바른 행위'라는 뜻으로서 올바른 신체 행위를 의미합니다. 구체적으로 살생(殺生)하지 않고, 도둑질(偸盜)하지 않으며, 삿된 음행(邪淫)을 하지 않는 것입니다.

⑤ 정명(正命, samyag-ājīva)이란, '올바른 생활'이라는 뜻으로서 남에게 피해를 주지 않는 정당한 방법으로 의식주(衣食住)를 구하고 생활하는 것을 말합니다.

지장보살좌상-손에 '법륜'을 쥐고 있음-팔정도를 형상화한 것임. (보물 제280호, 선운사 도솔암)

⑥ 정정진(正精進, samyag-vyāyāma) 또는 정진(正進)이란, '올바른 노력'이라는 뜻으로서 깨달음(최고 행복)을 실현하기 위해 용기를 갖고 끊임없이 노력하는 것입니다. 즉, 목

적(목표) 달성을 위해 헌신하는 것입니다.

⑦ 정념(正念, samyak-smṛti)이란, '올바른 마음챙김'이라는 뜻으로서 인식 대상인 '신체(身)', '느낌(受)', '마음(心)', '현상(法)'을 마음챙김하는 것입니다.20) 이 정념을 실천(수행)함으로써 통찰력이 개발됩니다. 즉 '일체를 있는 그대로 여실(如實)하게 볼 수 있는 지혜인 무분별지(無分別智)가 생깁니다. 그러면 차별에 의한 번뇌가 생기지 않습니다. 이 정념은 아래의 정정과 서로 긴밀한 관계에 있습니다.

⑧ 정정(正定, samyak-samādhi)이란, '올바른 정려(精慮)'라는 뜻으로서, 산란한 마음을 안정시키고 정신집중하는 것입니다. 이 정정을 수행(실천)함으로써 집중력이 개발됩니다. 따라서 정정의 수행이 깊어지면 올바른 삼매(三昧)에 들게 되고 번뇌가 정화됩니다. 이 정념은 위의 정념과 서로 긴밀한 관계에 있습니다.

<사십이장경>에서 "팔정도를 따르는 일은 등불을 가지고 깜깜한 방에 들어가는 것과 같다. 암흑은 사라지고 방은 빛으로 가득 찬다. 그러므로 팔정도의 진리를 터득하고 팔정도를 따르는

---

20) 여기서의 마음챙김은 '정념'의 '념(念)'을 뜻하는 좁은 의미의 마음챙김을 말합니다. 그러나 일반적으로는 마음챙김이 '불교명상'을 뜻하는 넓은 의미로 사용됩니다('2장 1절. 불교명상과 행복' 참조).

사람은 무명(無明)의 암흑을 씻어 버릴 지혜의 빛을 가진 것이다."라며, 팔정도 수행(실천)의 공덕(효과)을 비유적으로 언급하고 있습니다.

2. 육바라밀

① 보시(布施 dāna)란, '널리 베푸는 것'을 뜻하는 것으로서 자기가 소유하고 있는 것을 필요한 사람에게 나누어주는 것을 의미합니다. 구체적으로 재물을 베푸는 재시(財施), 진리를 가르쳐주어 깨달음(최고 행복)에 이를 수 있도록 하는 법시(法施), 온갖 공포를 제거하고 안심(安心, 행복감)을 주는 무외시(無畏施) 등이 있습니다.

② 지계(持戒, śīla)란, 계율(戒律)을 지키는 것으로서, '윤리적 생활'을 하는 것을 의미합니다. 즉, 자기반성을 통하여 자신의 행동을 규율하는 것을 말합니다. 따라서 지계는 개인과 사회, 나아가 모든 존재와의 관계를 형성하는 윤리적 삶인 것입니다.

③ 인욕(忍辱, kṣāti)이란, 정신적·육체적 모욕이나 역경을 '참고 이겨내는 것'입니다. 나아가 화내거나 증오심을 갖지 않고 자비심으로 용서하는 것입니다.

④ 정진(精進, vīrya)이란, 팔정도의 정정진(正精進)과 같은 의미로서 '올바른 노력'이라는 뜻입니다. 즉, 깨달음(최고 행복)을 실현하기 위해 용기를 갖고 끊임없이 노력하는 것입니다. 다시 말해 목적 달성을 위해 헌신하는 것입니다.

⑤ 선정(禪定, dhyāna)이란, 명상하여 '삼매에 드는 것'을 뜻합니다. 선정은 빨리어 '자나(jhana)'의 음역(音譯)인 선나(禪那)를 줄인 '선(禪)', 그리고 그 의역(意譯)인 '정(定)'이 합쳐진 말입니다. 따라서 이는 팔정도의 정정과 같은 덕목입니다. 이 선정은 아래의 지혜와 서로 긴밀한 관계에 있습니다.

⑥ 지혜(智慧, prajñā)란, 일체를 '있는 그대로 여실(如實)하게 보는 것'입니다. 이 지혜는 빨리어 '판냐(paññā)'의 의역입니다. 한자로는 반야(般若)로 음역되어 사용되기도 합니다. 따라서 이 지혜를 반야지(般若智) 또는 무분별지(無分別智)라고 합니다. 이는 팔정도의 정념과 같은 덕목입니다.

결국, 선정(정정)에 의해서 심해탈(心解脫)을, 지혜(정념)에 의해서 혜해탈(慧解脫)을 함께 증득하면서 최고 행복(깨달음)을 실현하는 것입니다. 이와 같이 선정(정정)과 지혜(정념)는 서로 긴밀한 보조관계 및 상승관계에 있습니다.

따라서 '불교명상'은 팔정도의 '정념'과 '정정' 그리고 육바라밀의 '선정'과 '지혜'를 동섭하는 의미입니다. 앞에서 언급한 바와 같이, 그 내용면에서 팔정도의 '정념'은 육바라밀의 '지혜', 그리고 팔정도의 '정정'은 육바라밀의 '선정'과 같은 덕목이기 때문입니다.

그러므로 보조(普照 1158~1210)국사는 ≪수심결≫에서 "선정은 본체요, 지혜는 작용이다. 본체의 작용이기 때문에 지혜는 선정을 떠나지 않고, 작용의 본체이기 때문에 선정은 지혜를 떠나지 않는다. 선정이 곧 지혜이므로 고요하면서 항상 알아차리고, 지혜가 곧 선정이므로 알아차리면서 항상 고요하다."라고 언급하면서 선정과 지혜를 함께 수행(실천)하는 정혜쌍수(定慧雙修)를 주창(主唱)한 것입니다.

한편, <화엄경>에 육바라밀 수행(실천)의 공덕에 대해 다음과 같이 설해져 있습니다. "보시(布施)는 이기심을 없애고, 지계(持戒)는 남의 권리와 이익을 존중하게 하고, 인욕(忍辱)은 공포감과 분노를 견디게 하며, 정진(精進)은 근면하고 성실하게 하며, 선정(禪定)은 분별로 방황하는 마음을 안정하게 하며, 지혜(智慧)는 어둡고 혼란한 마음을 밝고 예리한 통찰력으로 바꿔준다."

불교명상에 있어서는 무엇보다도 그 수행법(修行法)이 중요한데, 상좌불교와 대승불교에서 공통적 수행법으로 '사마타(奢摩他,

śamatha)'와 '위빠사나(毘婆舍那, vipassanā)'를 함께 수행해야 하는 것으로 제시되고 있습니다.

즉, 상좌불교의 주석서(註釋書)인 ≪청정도론≫과 대승불교의 주석서인 ≪대승기신론≫에서 불교명상의 실천적 수행법으로 사마타와 위빠사나를 함께 제시하고 있습니다. 사마타는 지(止) · 정(定)을, 위빠사나는 관(觀) · 혜(慧)를 의미합니다.21)

이에, 인도 마명(馬鳴 100?~160?)스님의 ≪대승기신론≫에서는 불교명상을 사마타의 의역인 지(止)와 위빠사나의 의역인 관(觀)을 합쳐서 '지관(止觀)'이라는 한 단어로 표현하고 있습니다. 그러나 일반적으로 지관보다는 사마타와 위빠사나의 또 다른 의미인 정과 혜를 합친 '정혜(定慧)'라는 단어를 더 많이 사용하고 있습니다.

따라서 팔정도의 정념과 정정, 육바라밀의 선정과 지혜, 이 네 가지 덕목을 '불교명상' 한 가지 덕목으로 통합할 수 있습니다.

결국, 불교의 실천(수행) 덕목은 ①불교명상(마음챙김), ②정견(올바른 견해), ③정사(올바른 사유), ④보시(널리 베품), ⑤지계(윤리적 생활), ⑥인욕(참고 이겨냄), ⑦정어(올

---

21) 여기서의 '위빠사나'는 관(觀) · 혜(慧)를 뜻하는 것으로서 팔정도의 '정념(正念)', 육바라밀의 '지혜(智慧)'를 의미합니다. 한편, '위빠사나'가 때때로 동남아시아권의 '불교명상'을 총칭하는 넓은 의미로 사용되기도 합니다('2장 1절. 불교명상과 행복' 참조).

바른 언어생활), ⑧정업(올바른 행위), ⑨정명(올바른 생활), ⑩정진(올바른 노력) 등 10가지로 통섭됩니다. 이 10가지 실천 덕목은 서로 상승효과를 내는 작용을 합니다.

이상의 팔정도와 육바라밀을 통섭(統攝)하는 불교수행의 실천 체계, 즉 '최고 행복으로 가는 통합 체계'는 다음과 같습니다.

O 불교수행의 통합 체계 O

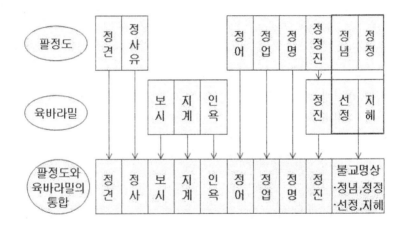

*   *   *

여기서 염두에 두어야 할 것은 불교의 실천(수행) 덕목은 초월적이거나 실천하기 어려운 것이 아니라는 점입니다. 또, 출가(出家)를 하거나 산속에 들어가서 수행(실천)해야만 하는 것도 아닙니다. 누구나 일상에서 실천할 수 있는 것들입니다.

<빨리 증지부>에서 불교의 수행 덕목을 실천하면 누구나 하루가 행복해질 수 있음을 이렇게 설하고 있습니다.

누구든지 '아침' 동안 생각과 말과 행동을 바르게 실천하면, 행복한 아침이 찾아온다.
누구든지 '낮' 동안 생각과 말과 행동을 바르게 실천하면, 행복한 낮이 찾아온다.
누구든지 '저녁' 동안 생각과 말과 행동을 바르게 실천하면, 행복한 저녁이 찾아온다.

중요한 것은 굳은 믿음입니다. 왜냐하면, 믿음이 빈약하면 회의에 빠지기 쉽고 회의에 빠지면 불교 수행(실천)에 장애가 생기기 때문입니다. 불교에서의 믿음[信]은 산스크리스트어 스랏다(sraddha)의 의역인데, 이는 (궁극적 진리에 대한) 올바른 이해에 바탕을 둔 '확고한 신념(확신)'을 의미합니다. 이러한 믿음은 깨달음을 이루는 근본 원인이 됩니다.

이에, <화엄경>에서 "믿음은 불도(佛道)의 근본이요, 공덕의 어머니다. 모든 선을 증진시키고, 모든 의혹을 없애고, 탐욕의 집착에서 벗어나게 하니, 마침내 깨달음(최고 행복)의 세게로 문을 열어젖힌다."라며 믿음의 중요성을 설하고 있습니다.

한편, 인도의 마명(馬鳴 100?~160?)스님은 ≪대승기신론≫에서 다음과 같이 네 가지 믿음을 강조하고 있습니다.

첫째, 우주만유의 근본은 진여(眞如-절대 진리 자체, 최고 행복 자체)임을 믿어야 한다는 것입니다. 둘째, 진여를 깨달은 부처님은 무량한 공덕이 있음을 믿어야 한다는 것입니다. 셋째, 진여를 깨달은 부처님의 가르침을 실천하면 큰 이익이 있음을 믿어야 한다는 것입니다. 넷째, 진여를 깨달은 부처님의 가르침을 따르는 자들은 능히 올바른 수행(실천)을 할 수 있음을 믿어야 한다는 것입니다.

<화엄경>에 "불제자는 순경(順境)을 만나든 역경(逆境)을 만나든 믿음을 굳히는 데는 아무 상관이 없다. 마음을 겸손하게 하고 불법(佛法)을 받들고 언행을 올바르게 하고 지혜롭게 행동하고 마음이 동요하지 않으면, 탄탄대로 같은 깨달음(최고 행복)의 길을 갈 것이다."라고 설해져 있습니다.

이런 의미에서, 인도의 호법(護法 530~561)스님 등의 공저인 ≪성유식론≫에서는 믿음을 수정주(水淨珠, 또는 수청주水淸珠)에 비유하고 있습니다. 아무리 탁한 물이라도 이 수정

주를 넣으면 맑은 물이 된다는 뜻에서 붙여진 이름입니다. 이와 같이 믿음은 우리 마음의 번뇌 망상을 제거하여 청정한 마음이 되게 하는 역할을 해서 궁극적으로 깨달음을 이루게 하는 원인이 되는 것입니다.

한편, 현대 과학자들의 연구 결과에 의하면, 믿음(확신)은 우리의 행복 수준을 크게 높여준다고 합니다.

다음은 히말라야에서 수행하고 있는 티베트 승려들을 상대로 현대 과학 장비를 동원해서 조사 연구한 결과를 토대로, 1994년에 쓴 허버트 벤슨 교수의 《과학 명상법》에서 인용한 것입니다.

의학 그리고 과학 연구에서 밝혀진 바에 따르면, 만지고 맛보고 또 측정할 수 있는 것들보다도 우리가 사실이라 믿는 것이 우선하는 경우가 많다. 이는 우리가 현실을 해석하는 방법이요, 우리 신체가 우리를 둘러싼 세계를 바라보는 방식으로 매우 중요하다는 것이다. 즉, 우리의 생각이 긍정적이냐 부정적이냐에 따라 행복에 영향을 미치는 우리의 힘과 역량이 크게 영향을 받는다는 것을 의미한다.

이완 반응(弛緩反應, relaxation response)은 특정한 명상이나 기도 등을 통해 이끌어 낼 수 있다. 이완 반응이 개인의 깊은 믿음과 결합될 때 그 이상의 내적인 변화를 일으켜 더욱 높은 상태의 건강과 행복을 누릴 수 있게 만든다는 사실을 확인할 수 있었다.

　그러나 여기서 꼭 강조하고 싶은 것은 우리 대부분은 심신 (心身) 양면에서 우리의 가능성이 얼마나 놀라운지에 대해 거의 알고 있지 못하다는 사실이다. 여러분이 자신의 철학이나 종교적 믿음에 대해 진심으로 확신을 가지고 있고, 거기에 마음과 영혼을 다해 헌신한다면 여러분의 몸과 마음은 지금으로선 단지 희미하게 추측할 수밖에 없겠지만, 엄청난 결과를 보게 될 것이다.

불교의 실천 덕목과 행복(각론)

2장에서는

'10가지 불교의 실천 덕목과 행복'

에 대해

언급하기로 합니다.

위 : 무량수전의 아미타여래좌상(국보 제45호, 부석사)

아래 : 무량수전(국보 제18호, 부석사)

1절. 불교명상(마음챙김)과 행복

최근에 불교명상을 '마음챙김'이라고 하는데, 이는 영어 '마인드풀니스(mindfulness)'의 우리나라 말 번역이로시 마음지킴, 마음모음, 알아차림 등으로 번역되다가 '마음챙김(또는 마음챙김 명상)'으로 정착되는 추세입니다.

원래 '마인드풀니스'는 빨리어(語) '사띠(sati)'를 영어로 번역한 것인데, '사띠'는 중국에서 '염(念)'자로 번역되었습니다. 즉, 팔정도의 하나인 '정념(正念 sammā-sati)'의 뒷글자인 '염(念)'자의 원어(原語)가 이 '사띠'입니다. 그러므로 '마인드풀리스'는 '염'을 의미하는 것입니다.

한편, '마인드풀리스'는 좁은 의미로는 '염'을 의미하지만 넓은 의미로는 '불교명상'을 의미하는 것으로 사용되고 있습니다.

오늘날 '마음챙김(불교명상, 마인드풀리스)'이 미국을 비롯한 북미와 유럽 등 선진국에서 주목 받으면서 크게 유행하게 된 것은, 불교명상의 전문가이자 심신치유 전문가인 매사추세츠 의과대학의 존 카밧진 교수가 1979년에 '마인드플니스를 기반으로 하는 스트레스 완화(MBSR: Mindfulness Based Stress Reduction)' 프로그램을 최초로 개발, 적용한 것에서부터 시작되었다고 볼 수 있습니다.

이 MBSR 프로그램은 미국의 의과대학 병원과 의료기관, 그리고 캐나다와 유럽 등 수백 개의 유명 의료기관에서 널리 활용되고 있으며, 우리나라의 가톨릭대학 의과대학 서울성모병원 등에서도 활용되고 있습니다.

카밧진 교수는 그동안의 경험을 토대로 1990년에 ≪마음챙김 명상과 자기치유, Full Castrophe Living≫를 저술한 바 있습니다. 그는 이 책의 15주년 기념판을 2005년에 발간한 서문에서 "지난 15년간의 변화를 돌이켜 보면서 미래를 예측해 보건데, 불교명상은 의심할 여지없이 지금까지보다 더더욱 효과적이고 믿음직한 수행법(修行法)으로 우리의 건강을 증진시켜 주며, 심신의 조화를 통해 진정한 행복(well-being)을 실현해 주는 수단이 될 것이다."라고 강조하고 있습니다. 그리고 그 책의 본문에서 "불교명상은 개인과 세상을 치유할 수 있다."라고 주장하고 있습니다.

한편, 이 MBSR 프로그램을 '심리학계'에서 그대로 도입, 활용되거나 또는 이 MBSR 프로그램을 모델로 하여 '마음챙김을 기반으로 하는 인지행동치유(MBCT, Mindfulness Based Cognitive Therapy)' 등의 프로그램이 새롭게 개발, 활용되고 있습니다.

특히, 긍정심리학계에서는 행복 증진과 관련하여 연구, 활용되고 있습니다. 다시 말해, 불교명상은 처음에는 의학계에서 도입, 활동되다가 심리학계 등으로 확산, 활용되고 있는 것입니다.22)

2009년에 우리나라를 방문한 바 있는 하버드대학 의과대학의 크리스토퍼 거머 교수는 "마음챙김이라는 불교명상 수행법이 미국에서 심리치료에 널리 확산돼 있으며 심리치료가의 40% 이상이 이 명상법을 쓰고 있다."라고 말한 바 있습니다.

최근 미국에서는 연간 약 1,200여 편의 불교명상 관련 논문이 심리학계 또는 의학계의 학술지에 발표되고 있다고 합니다. 그만큼 미국의 심리학계·의학계에서 불교명상에 대한 관심 내지 연구·활용이 활발하다는 것입니다.

---

22) 현대심리학계의 저명한 하버드대학 심리학과 엘렌 랑거 교수는 1990년에 쓴 《마인드플리스 Mindfulness》라는 제목의 책에서 마인드플리스에 대해서 기술하고 있지만, 이는 불교명상인 마인드플리스를 의미하는 것이 아니라 'mindlessness(마음놓음)'의 반대 개념으로 언급하고 있습니다. 이 특별한 경우를 제외하고 대부분의 (긍정)심리학계에서 언급하고 있는 마인드플리스는 불교명상을 의미하는 것입니다.

마음챙김(mindfulness)이란, '현재 경험하는 현상에 대해 판단
과 집착 없이 정신집중하여 알아차리는 것'을 의미합니다.(핵심 용
어인 '판단없음', '집착없음(놓아버림)', '정신집중', '알아차림'의 네
가지에 대해서는 뒤에서 언급합니다.)

즉, 마음챙김의 대상은 '현재 경험하는 현상'입니다. '현재 경험
하는 현상'은 모든 현상, 즉 '현재' 경험하는 몸(身-호흡·소리·
냄새·맛·감촉 등의 신체감각, 신체동작, 신체반응), '느낌
(受)', '마음(心-마음 상태)', '현상(法-현상의 실상)'입니다.
따라서 이들 네 가지가 마음챙김의 대상이 되는 것입니다.

불교명상 수행법에는 여러 가지가 있으나, 크게 호흡명상(呼吸
瞑想)과 화두명상(話頭瞑想) 두 가지로 통섭할 수 있습니다.

'호흡명상'은 위빠사나 명상을 말합니다. 이 명칭은 동남아시
아 상좌불교권의 불교명상을 위빠사나 명상이라고 총칭하는 데에
서 유래된 것입니다. 위빠사나 명상은 그 관찰 '대상'을 앞에서와
같이 몸(身), '느낌(受)', '마음(心)', '현상(法)'의 네 가지에 두고
있지만 그 기본은 호흡에 두고 관찰하는 것입니다. 원래 '위빠사
나'는 앞에서 언급한 바와 같이 '지(止)'와 '관(觀)'이라고 하는
불교명상 수행법 중에서 '관'을 의미하는 것입니다. 그러나 여기
서와 같이 상좌불교권의 불교명상을 총칭하는 넓은 의미로 사용
되기도 합니다.

'화두명상'은 간화선(看話禪)을 말합니다. 간화선은 동북아시아의 대승불교권, 특히 우리나라에서 널리 수행되고 있습니다. 이 명칭은 '화두(話頭)를 참구(參究)'하는 것에 명상수행의 초점을 두는 데에서 유래된 것입니다. 이에 근간에는 간화선을 화두명상이라고도 합니다.

한편, 이러한 불교명상의 원리를 <표>로 제시하면 다음과 같습니다.

불교명상의 원리

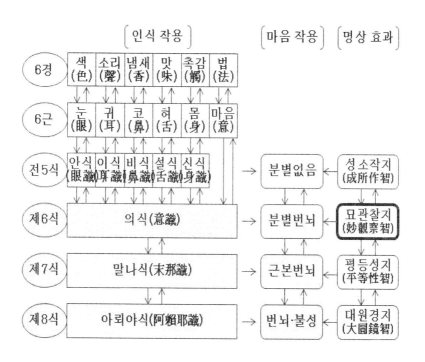

즉, 불교명상을 수행하면 '제6식인 의식'이 청정해짐으로써 '전5식(前五識)'은 물론, '제7식인 말나식'과 '제8식인 아뢰야식'까지도 청정해져서 결국에는 다음과 같은 네 가지 지혜, 즉 '명상의 공덕(효과)'이 나타납니다.

첫째, 불교명상을 수행하면 먼저 제6식인 의식이 청정해집니다. 그러면 일체를 올바르게 관찰하는 지혜(묘관찰지 妙觀察智)가 나타납니다. 이 지혜는 중생에게 의심을 없애주고 이익과 즐거움을 주는 근원이 됩니다.

둘째, 제6식인 의식이 청정해지면 그 결과로 전5식이 보고·듣고·냄새 맡고·맛보고·감촉하는 작용을 올바르게 할 수 있는 지혜(성소작지 成所作智)가 나타납니다. 이 지혜는 모든 중생에게 자비행(慈悲行)을 주는 근원이 됩니다. 또, 제6식의 청정은 제7식의 청정 원인이 됩니다.

셋째, 제7식인 말나식이 청정해지면 그 결과로 모든 대상에 대한 차별이 없어지면서 하나같이 평등하다는 것을 깨닫는 지혜(평등성지 平等性智)가 나타납니다. 이 지혜는 모든 중생에게 평등하게 이익과 즐거움을 주는 근원이 됩니다. 제7식의 청정은 제8식의 청정 원인이 됩니다.

넷째, 제8식인인 아뢰야식이 청정해지면 모든 번뇌가 소멸됨으로써 모든 존재의 근본인 불성을 깨닫는 지혜(대원경지 大圓鏡智)가 나타납니다. 즉, 거울에 삼라만상이 '있는 그대로 여실(如實)하게' 비추어지는 것과 같은 지혜를 체득함으로써 성불(成佛)하게 되는 것입니다. 이 지혜는 모든 중생과 최고 행복(깨달음)을 함께 나누는 근원이 됩니다.

<법구경>에 이런 가르침이 있습니다. "누구라도, 즉 어떤 부모, 어떤 친지, 어떤 친구라도 정화된 마음보다 당신을 더 도와줄 수는 없다. 정화된 마음은 행복을 가져다준다."

결국 깨달음은 불교수행(실천), 특히 불교명상을 통해서 위의 4가지 지혜를 개발하고 그 지혜를 체득함으로써 이루어지는 것입니다. 그러므로 <법구경>에서 "명상으로부터 지혜의 빛이 발하나니, 명상이 없으면 지혜의 빛도 발하지 않는다."라고 설하고 있는 것입니다.

불교명상의 기본 원칙은 정신집중, 알아차림, 판단없음, 놓아버림 등 네 가지로 제시할 수 있습니다.

① 정신집중

정신집중(또는 '주의집중')이란, 특정 대상에 정신을 집중하는 것입니다.

이를테면, 호흡명상의 경우 호흡(또는 느낌 마음 등의 대상)에, 화두명상의 경우 화두에 정신을 집중하는 것입니다. 여기서 '정신을 집중한다'라는 말은 흔히 '알아차린다' 또는 '관찰한다'는 말과 함께 쓰이기도 하는데, 이는 세 가지 의미를 내포하고 있습니다.

즉, 집중 대상(호흡, 화두 등)과 '함께 존재하고' 집중 대상을 '지켜보며' 집중 대상을 '느낀다'라는 의미입니다. 집중 대상을 '생각해보라'라는 의미가 아닙니다.

② 알아차림

알아차림이란, 집중 대상에 '마음이 또렷하게 깨어있는 상태'를 의미합니다.(넓은 의미로는 '정신집중+알아차림'입니다. 즉, 집중 대상과 '함께 존재하고', '지켜보며', '느끼라' + '마음이 또렷하게 깨어있는 상태'를 뜻합니다.)

이를테면, 호흡에 집중하는 경우 들숨과 날숨이 시작되고, 잠시 멈추고, 끝나는 매 순간에 마음이 또렷하게 깨어있어야 합니다. 호흡이 짧으면 짧은 대로 길면 긴 대로, 그리고 차가우면 차가운 대로 더우면 더운 대로 마음이 또렷하게 깨어있어야 합니다. 다른 집중 대상들도 마찬가지입니다. 화두에 집중하는 경우는 화두에 또렷하게 깨어있어야 합니다.

알아차림의 때(時)는 과거나 미래가 아니라 바로 '지금(현재)'
입니다. 마음이 지금을 떠나 과거나 미래에 있으면 그것은 알아
차림이 아니라 잡념입니다.

③ 판단없음

판단없음이란, 호흡명상
의 경우 호흡을 관찰할 때
마음 작용, 즉 식별이나 인
식이 일어나면 그에 대해
어떠한 판단도 하지 말라
는 것입니다. 소리도 마찬
가지입니다.

성철스님 사리탑(해인사)

이를테면, 명상수행 중에
어떤 소리가 들리면 그 소리에 대해 '좋다, 나쁘다, 또는 좋
지도 나쁘지도 않다'라고 판단하지 말라는 것입니다. 그저
소리를 인식하고는 호흡이나 화두 등 명상의 대상으로 되돌
아가서 정신집중을 하고 알아차리면 됩니다. 즉, 어떠한 마
음 작용이 일어나든 그냥 그대로 받아들이고 한발 뒤로 물러
서서 순수하게 지켜보기만 하라는 것입니다.

화두명상의 경우는 판단없음을 '심사숙고(深思熟考)하지 말라'
는 것으로 이해해야 됩니다. 화두는 심사숙고해서 푸는 과제가

아니라 오로지 화두에 마음이 또렷하게 깨어있음으로서 화두가 무르익도록 하는 것이 중요하기 때문입니다.

④ 놓아버림

놓아버림이란, '놓아버려라', '내려놓아라', '내던져버려라'는 뜻입니다. 즉, 마음 작용 등 모든 현상에 집착하지 말라는 것입니다.

이를테면 호흡명상의 경우, 마음에 일어나는 현상을 그대로 지켜보기만 해야지 마음이 거기에 집착해서는 안 된다는 것입니다. 어떤 현상이 일어나면 그것이 좋든, 싫든 그냥 지켜보기만 하면 됩니다. 지켜볼 때 마음이 유추·비교·판단하고 있다고 느끼면 그것을 인정은 하되 거기에 집착하지 말고 놓아버리라는 것입니다.

어떤 통증이 느껴질 때에도 통증 자체는 인정하지만 통증을 걱정하지 말아야 합니다. 통증도 인연에 의해 생기고 사라지는 것이므로 인연이 다하면 사라지게 되어 있습니다. 그냥 뒤로 한발 물러서서 통증을 지켜보기만 하면 통증이 놓아버려집니다. 그러면 마음이 평온을 되찾고 통증도 완화될 수 있습니다. 스트레스나 분노(憤怒)도 마찬가지입니다.

호흡명상이나 화두명상 중에 마음이 평온해지고 삼매(三昧)에 들면서 기쁨 또는 행복감을 느낄 수 있습니다. 그러면 그런 느낌이 있다는 것을 알아차리고 그저 즐기기만 하면 됩니다. 기쁨 또는 행복감을 갈망하거나 집착하지 말아야 합니다. 오면 오는 대로 가면 가는대로 지켜보기만 하면 됩니다.

이 놓아버림의 수행으로 그 어떤 현상에 대해서도 집착하지 않는 지혜가 개발되는 것입니다.23)

◎ '일상생활'에서의 마음챙김 명상

한편, 마음챙김 명상에는 혼자 또는 다른 사람과 함께 일정 시간을 할애해서 수행하는 것을 '공식 명상'이라고 합니다. 이에 대해 혼자 일상생활에서 수행하는 것을 '비공식 명상' 또는 '일상 명상'이라고 합니다.

일상생활에서의 마음챙김 명상은 주로 정신집중을 포함하는 넓은 의미의 '알아차림'을 수행하는 것입니다.

이를테면, 아침에 일어나면서 '오늘도 행복해야지!'하며 행복과 '함께 존재하고', 그것을 '지켜보며', 그것을 온몸의 세포로 '느끼며', 그것에 '또렷하게 깨어있는' 것입니다.

---

23) 불교명상에 대한 구체적인 수행법에 대해서는 <염처경>, <안반수의경> 또는 졸저 ≪행복해요 불교명상≫ 을 참조.

가족과 포옹을 하면서, 이를 닦으면서, 세수를 하면서, 신문을 보면서, 운전을 하면서, 출근을 하면서, 경치를 보면서, 업무를 수행(遂行)하면서, 회의를 하면서, 식사를 하면서, 대화를 나누면서, 아이들을 배웅하면서, 설거지를 하면서, 청소를 하면서, 독서를 하면서, 가족을 맞이하면서 등등 그것과 '함께 존재하고', 그것을 '지켜보며', 그것을 온몸의 세포로 '느끼며', 그것에 '또렷하게 깨어있는' 것입니다.

이런 알아차림을 수행하게 되면, 종래와 같이 무의식(무자각) 상태에서 별 의미 없이 하던 것들에 대해 그 '의미와 가치를 새롭게 인식(자각)'하게 됨으로써 그것들이 새로워지고 재미있어지고 즐거워집니다. 하루가 행복해집니다. 그야말로 일상생활에 얽매이고 쫓기며 사는 것이 아니라, 일상생활에 깨어있으면서 모든 것을 즐기며 사는 것이 됩니다. 삶의 노예가 아니라 삶의 주인이 되는 것입니다. 불교명상의 탁월성의 하나가 바로 이 '일상에서의 알아차림'입니다.

이에, <빨리 장부>에서 "명상의 성취란 눈으로 사물을 볼 때라도 감관(感官)을 잘 지켜 그 모양에 현혹되지 않고, 가나(行) 오나(住) 앉으나(坐) 누울(臥) 때도 항상 마음의 눈을 밝혀 알아차리는 것이다."라고 설한 것입니다.

그러기 위해서는 아무리 사소한 것이라도 난생 처음 보는 것처럼 '알아차림'하는 습관을 기르는 것이 좋습니다. 매 시간마다 시계나 휴대폰에 '알람'을 맞추어 놓고 그때마다 자신의 언행이나 느낌 등을 '알아차림'하는 것도 좋은 방법입니다.

태어나서 19개월 되던 때에 앓은 중병으로 보지도 못하고 듣지도 못하는 중복 장애인으로서 대학을 졸업하고 평생 동안 사회사업가로서의 삶을 추구한 헬런 켈러(1880~1968)가 숲에서 오랜 산책을 마치고 방금 막 돌아온 친구에게 '밖에서 무엇을 보았는지' 물었을 때 친구가 "특별한 것이 없었어."라는 대답을 듣고 그 때 느낀 감정과 교훈을 이렇게 썼습니다.

숲에서 한 시간 동안 산책하면서 특별한 것이 없었다는 사실이 의아했어요. 나는 눈이 보이지 않지만 숲에서 수백 가지를 발견합니다. 나뭇잎의 섬세한 대칭, 자작나무의 은빛 껍질, 소나무의 거칠고 덥수룩한 껍질 등등.
눈이 보이지 않는 내(켈러)가 눈이 보이는 당신들에게 꼭 이렇게 권하고 싶어요. 마치 내일이면 아무것도 보지 못하게 될 것처럼 당신의 눈을 적극 활용하십시오. 마치 내일이면 귀머거리가 될 것처럼 목소리의 음색을, 새의 노래를, 오케스트라의 웅장한 선율을 들어보세요. 내일이면 촉감이 완전히 마비될 것처럼 모든 물건을 만져보고, 내일이면 다시는 냄새를 맡지도 맛을 보지도 못할 것처럼 꽃의 향기를 맡아

보고 음식을 먹을 때마다 한 입 한 입 맛을 음미해보세요. 모든 감각을 최대한 활용하십시오. 세상이 당신에게 선물하는 모든 모양과 기쁨, 그리고 아름다움을 즐기며 기뻐하십시오.

이런 알아차림을 수행하게 되면, 종래와 같이 무의식 상태에서 별 의미 없이 하던 것들에 대해 그 '의미와 가치를 새롭게 인식'하게 됨으로써 그것들이 재미있어지고 능률도 좋아지고 기분도 좋아지고 즐거워집니다. 하루가 행복해집니다. 그야말로 일상생활에 얽매이고 쫓기며 사는 게 아니라, 일상생활에 깨어있으면서 모든 것을 즐기며 사는 것입니다. 삶의 노예가 아니라 삶의 주인이 되는 것입니다.

한편, 이 '알아차림'은 마음관리(감정조절, 스트레스 대응, 분노조절, 산만함의 관리, 과도한 생각에 대한 대응 등)에 매우 효과적입니다. 이에 대해서는 뒤에서 언급하기로 합니다.

◎ "불교명상은 행복을 가져온다."

소냐 류보머스키 교수는 ≪행복 증진 전략≫에서 불교명상의 효과에 대해 다음과 같이 언급하고 있습니다.

여러 철학적, 영적인 전통에 따르면 불교명상을 수행하는 것은 웰빙(well-being)의 필수적인 요소다. 예를 들어, 마음챙김 명상의 수행에서는 마음을 깨끗이 하고 현재('지금, 여기')의 순간에 자신을 뿌리내리는 것을 강조한다. 마음챙김 명상이 주는 유익함에 대한 일화적인 증거가 매우 방대하기 때문에 심리학자들은 실험실에서 이러한 현상을 연구하기 시작했다.

로체스터대학에서 실시한 일련의 연구에서는 '지금, 여기'에 대한 인식에 의식적으로 주의를 기울이며 자신의 주변을 예민하게 의식하는 성향의 사람들, 즉 마음챙김 명상을 잘하는 사람들을 집중적으로 관찰했다. 그리고 그러한 사람들은 긍정적이고 바르게 성장하는 건강한 정신의 모범적 사례들이라는 사실을 밝혀냈다.

그들은 보통 사람들에 비해 더 행복하고 낙관적이고 자신감이 있고 삶에 만족할 가능성이 높았다. 반대로 우울하고 분노하고 불안하고 적대적이고 부정적이고 충동적이고 신경질적일 가능성은 더 낮았다.

또, 습관적으로 마음챙김 명상을 하는 사람들은 종종 강렬하고 긍정적인 감정을 체험하고 자족(自足)하고 만족감을 느끼고 긍정적인 사회적 관계를 가졌다. 이에 대해 평소에 마음챙김 명상을 별로 실천하지 않는 사람들은 질병이나 신체적인 증상을 더 많이 겪었다.

요컨대, 마음챙김 명상은 행복을 증진시킨다는 것입니다. 또,

류보머스키 교수는 자신이 연구한 결과와 전문가들의 연구한 결과를 분석하고 이렇게 말했습니다.

"연구 결과들을 보면, 마음챙김 명상이 마치 만병통치약인 것 같다. 만약 '사례에 의존한 증거'만 있었다면 나(류보머스키)도 의심했을 것이다. 그렇지만 이 증거들은 오랜 기간의 '실험적 연구'에 근거한 것들이다. 이 자료들은 당신이 근면하게 노력하고 헌신해서 마음챙김 명상 테크닉을 활용하는 방법을 배운다면 강력한 효과를 거둘 것이라는 사실을 설득력 있게 보여준다."

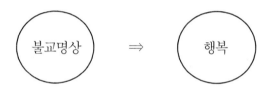

한편, 탈 벤 샤하르 교수는 ≪해피어≫에서 "정기적인 마음챙김 명상은 스트레스를 해소하고 마음의 평안을 가져오는데 심오한 효과가 있다. 따라서 마음챙김 명상은 행복한 삶의 필수 요소이다."라며 '행복을 부르는 명상법(瞑想法)', 즉 마음챙김 명상을 수업 중에 수련하게 하기도 합니다.

그런가 하면, ≪영국BBC 다큐멘터리 '행복'≫에 이런 글이 있습니다. "명상 중에는 스트레스를 해소하고, 마음의 평온을 가져오는 여러 가지 호르몬 수치가 증가한다. 그러므로 명상은 우리의 건강과 행복을 증진시키는 역할을 한다."

　　그러면 최근에 불교명상이 왜 그토록 주목을 받는 걸까요. 하버드대학 의과대학 교수인 크리스토퍼 거머 교수는 그 이유를 "정신분석이나 인지치유로 못 고치는 질병도 불교명상으로 치유되는 임상사례가 두드러질 뿐 아니라, 뇌과학 등의 발달로 불교명상의 우수성과 효과가 과학적으로 속속 증명되고 있기 때문이다."라고 언급하고 있습니다.

　　요컨대, 근간에 미국을 비롯한 선진국에서 불교명상의 우수성과 탁월한 효과가 과학적으로 증명되면서 세계적인 주목을 받고 있다는 것입니다.

　　최근 들어서 불교명상에 주목하는 분야가 매우 다양해지고 있습니다. 특히, 긍정심리학(행복학) 분야에서 행복 증진, 의학 분야에서 심신(心身) 치유와 건강 증진을 위한 연구와 활용이 활발해지고 있습니다. 나아가 학습 강화, 창의성 향상, 생산성 향상, 스포츠능력 향상 등 거의 모든 분야로 확산되고 있습니다.

　　이러한 내용들은 미국 <타임, TIME>지(誌)에서도 특집으로 여러 번 보도된 바 있고, 영국 BBC방송 등에서도 심층적으로 보도된 바 있습니다. 이와 같이, 현대행복학 뿐 아니라 대부분의 현대 학문이 불교에 접근하고 있고, 불교를 적용하고 있습니다.

마침, 성철(性徹)스님이 50여 년전인 1967년에 법어집(法語輯)인 ≪백일법문 百日法門(上)≫에서 "앞으로 심리학이나 정신의학에 부처님의 가르침이 많은 기여를 할 날이 있을 것으로 나는 믿습니다."라고 한 말이 조금씩 현실화되고 있다는 생각이 듭니다.

미국의 위대한 심리학자 및 철학자로 추앙받고 있는 하버드대학 윌리엄 제임스(1842~1910) 교수는 일찍이 불교의 심리학적인 정교함에 감명을 받았고, 불교가 서양의 심리학에 주된 영향을 줄 것이라고 예측한 바 있습니다. 제임스 교수가 1900년 초에 하버드대학에서 강의를 할 때, 청중 중에 스리랑카에서 온 승려를 발견하고는 갑자기 강의를 멈추고 그에게 "내 자리에 앉으십시오. 당신은 나보다 심리학을 강의하기에 더 적합합니다. 지금부터 25년이 지난 후에는 불교가 모든 사람이 공부하게 될 심리학이 될 것입니다."라고 말했다는 것입니다.[24]

하지만 제임스 교수가 이 말을 하기 몇 년 전인 1900년에 오스트리아의 위대한 심리학자 및 의학자인 지그문트 프로이트

---

24) 마크 엡스타인 ≪붓다의 심리학, Thoughts without a Thinker, 전현수·김성철 역, 학지사, 2006≫ P. 14에서 인용. 마크 엡스타인은 그 출처를 이렇게 밝히고 있습니다. Rick Fields, How the Swans Came to the Lake A Narrative History of Buddhism in America(Boulder, Colo.; Shambhala, 1981), P. 135..

(1956~1939)의 ≪꿈의 해석≫이 출간되면서 최근까지 서양 심리학계에 크게 영향을 주었고, '25년이 지난 후'가 아니라 '80여 년이 지난 후'인 최근에 와서야 심리학계에서 불교를 폭넓게 공부하기 시작하고 있습니다.

한편, 불교명상 수행이 집중력과 통찰력을 강화시킴으로써 깨달음(최고 행복)을 실현할 수 있다는 것이 현대 과학에서 밝혀지고 있습니다.

하버드대학 의과대학의 허버트 벤슨 교수와 죠지 스테파노 교수는 명상을 하는 동안에 뇌에서 세타파가 나올 때 일산화질소(NO; Nitric Oxide)가 분출된다는 것을 알아냈습니다. 일산화질소는 전(全) 신체와 중추신경계를 돌아다니면서 메시지를 전달하는 기체성 분출물입니다. 두 교수는 이 일산화질소가 심신(心身)에 미치는 효과에 대해 이렇게 언급하고 있습니다.

양호한 신경전달물질들과 그 밖에 다른 생화학물질이 분비되어 이것들이 창의성의 발현, 통찰이나 명상수행력의 증가 그리고 심오한 단계의 영성(靈性 spirituality)이 이루어지는 내면의 무대를 만들어 준다.

1984년에 소설 ≪25시≫로 유명한 루마니아의 신부(神父)이며 작가인 게오르규(1916~1992)가 우리나라를 방문해서

한양대학교 민희식 교수와 이런 대화를 나눈 적이 있습니다.

민희식 = 불교가 서양의 사상과 구분되는 근본적인 특징
은 무엇일까요?

게오르규 = 불교는 지적(知的)활동에 의해서 전달될 수
있는 것이 아니고 실천에 의해서 전달되는 것이지요. 사실
명상을 통해서 해탈에 이르는 방법은 매우 여러 가지가 있어
요. 기독교나 자이나교, 회교에도 있지요. 하지만 거기에 대
해서 가장 명확하고 납득할 수 있는 설명을 한 것은 불교뿐
이죠.

이상으로 불교명상이 행복 증진에 크게 기여한다는 사실이
과학적으로 증명되고 있다는 것에 대해 알아보았습니다. 행
복 증진은 당연히 건강 증진을 가져올 수 있습니다. 왜냐하
면, 행복과 건강은 서로 밀접하게 상승작용을 하기 때문입니
다.

◎ "불교명상은 건강을 증진시킨다."

· 두통을 경감시키고,
· 협심증으로 인한 통증을 줄이고,

- 혈압을 낮추어 고혈압 치료에 도움을 주며,
- 마음의 장벽을 극복하여 창의성을 발휘할 수 있고,
- 불면증을 이길 수 있으며,
- 과호흡 증후군 발작을 예방할 수 있고,
- 요통을 덜어주며,
- 항암치료 효과를 증진시키고,
- 공황(恐慌) 발작을 제어할 수 있게 도와주며,
- 콜레스테롤 수준을 낮추고,
- 매스꺼움, 구토, 설사, 변비, 조급증, 다른 사람들과 잘 어울리지 못하는 성격 등으로 나타나는 불안과 긴장의 증상을 덜어주며,
- 전체적으로 스트레스를 감소시켜 내적인 평화와 정서적 균형을 이루는데 도움을 준다.

이는 하버드대학 의과대학 허버트 벤슨 교수가 그의 저서 ≪과학 명상법, 원제: Beyond The Relaxation Response≫에서 밝힌 것입니다. 특히, 주목되는 것은 "이 목록은 얼마든지 더 길어질 수도 있겠지만 이 정도만으로도 그 기본은 충분히 짐작할 수 있을 것이다."라고 언급하고 있다는 점입니다.

한편, 미국을 비롯한 선진 의학계에서 불교명상에 대해 세계적인 관심을 갖기 시작한 것은, 1975년에 벤슨 교수가 저술한 ≪이

완 반응, Relaxation Response》에서, 불교명상이 스트레스로부터 파생되는 온갖 '해로운 반응'을 '건강한 반응'으로 바꾸어 놓을 수 있다는 연구 결과를 소개함으로써 시작되었다고 볼 수 있습니다.

≪이완 반응≫은 초판이후 2000년까지 25년 간 <뉴욕 타임즈>의 톱 베스트 셀러로 여러 차례 올랐고, 13개 국어로 번역되었으며, 영어판으로만 400만권이 팔렸습니다. 이 책은 대체의학 또는 심신의학 분야에서 가장 많이 인용되었고. 그로 인해 벤슨 교수는 서양의학의 성웅(聖雄, Saint Soldier)으로 존경받게 되었습니다.

벤슨 교수는 불교명상을 좀 더 깊이 연구하기 위해 1981년에 달라이 라마(티베트의 불교 영적 지도자, 1989년 노벨평화상 수상)의 추천을 받아서, 과학 장비를 갖춘 연구진과 함께 히말라야 현지에서 수행하고 있는 티베트 스님들을 대상으로 실험한 바 있습니다. 그는 그 실험 결과와 그동안의 연구 결과를 바탕으로 1994년에 작가(作家)인 윌리엄 프록터와 공동으로 《과학 명상법,

원제: 이완 반응을 넘어서, Beyond The Relaxation Response》을 저술하였습니다. 그는 이 책에서 명상이 건강 증진 나아가 행복 증진에 크게 영향을 주고 있음을 언급하고 있습니다.

특히, 벤슨 교수는 2003년에 윌리엄 프록터와 공동으로 저술한 《나를 깨라! 그래야 산다, The Breakout Principle》에서 "우리가 제한된 과학적 장비를 갖고 영성(靈性, spirituality)의 깊이를 추정해 나갈 때, 우리는 단순한 생물학 세계 저 너머에 무엇인가 진실 속으로 들어가는 입구가 존재한다는 생각을 갖게 되었다. 초월의 정상체험을 넘어갔을 때 우리는 인간의 측정 장비나 이성으로는 파악할 수 없는 또 다른 현실, 다시 말해 존재와 떨어져 있는 차원을 만날 수 있을 것이다."라고 결말을 맺고 있습니다.

2절. 올바른 견해(정견)와 행복

정견(正見, samyag-dṛṣṭi)은 '올바른 견해'를 의미하는 것으로서 모든 현상을 올바르게 보는 견해 또는 사물의 진상을 바르게 판단하는 것을 말합니다. 구체적으로 올바른 가치관 내지 올바른 인생관·올바른 세계관을 갖는 것입니다.

가치관은 인간이 삶이나 어떤 대상에 대해서 무엇이 좋고, 옳고, 바람직한 것인지를 판단하는 관점을 말합니다. 중요한 가치관이 인생관과 세계관입니다. 인생관이 인간의 삶을 바라보는 관점(방식)이라면 세계관은 자기 자신을 둘러싼 세계를 바라보는 관점(방식)이라고 할 수 있습니다.

따라서 우리가 올바른 인생관·올바른 세계관을 갖느냐 그렇지 못하느냐는 우리의 행복에 큰 영향을 줄 수밖에 없습니다. 왜냐하면, 사람들은 주위에서 일어나는 똑같은 객관적인 사건을 놓고도 자신의 가치관과 인생관을 바탕으로 주관적으로 해석하기 때문입니다.

    행복학자들의 공통적인 주장의 하나가 우리가 긍정적인 견해(방식)를 갖고 있느냐 부정적인 견해(방식)를 갖고 있느냐가 행복에 중요한 영향을 준다는 것입니다. 일반적으로 긍정적인 견해를 갖고 있는 사람이 부정적인 견해를 갖고 있는 사람보다 훨씬 더 행복할 가능성이 크다는 것입니다.

    이에, 일리노이대학 심리학 에드 디너 교수와 긍정심리학자인 로버트 디너 교수는 그들의 공저 ≪행복 Happiness≫에서 이렇게 말했습니다. "주위에 있는 사물이나 어떤 사건을 해석하는 방식은 우리의 행복에 매우 중요한 요소일 뿐 아니라 우리 삶을 크게 좌우한다. 세상 속의 사건들을 잔인하고 위협적인 것으로 해석하는 경향이 있는 사람들은 부정적인 생각과 불신(不信)을 더 많이 느낄 것이다. 세상이 가능성과 기회로 가득차 있다고 보는 사람의 장밋빛 렌즈는 더 많은 것을 행복이라고 해석해줄 것이다."

    또, 하버드대학 의과대학 허버트 벤슨 교수는 ≪과학 명상법≫에서 이렇게 말했습니다. "의학 그리고 과학 연구에서 밝혀진 바에 따르면, 만지고 맛보고 또 측정할 수 있는 것들보다도 우리가 사실이라 믿는 것이 우선하는 경우가 많다. 이는 우리가 현실을 해석하는 방식이요, 우리 신체가 우리를 둘러싼 세계를 바라보는 방식으로 매우 중요하다는 것이다. 즉, 우리의 생각이

긍정적이냐 부정적이냐에 따라 행복에 영향을 미치는 우리의
힘과 역량이 크게 영향을 받는다는 것을 의미한다."

제1장에서 살펴본 바와 같이, 불교는 하나같이 부정적이 아니
라 '절대(絶對)'의 긍정적 가치관을 갖고 있습니다.

① 스스로 최고 행복(깨달음)을 추구하는 동시에 모든 중생과
최고 행복을 함께 나눔을 추구하는 불교의 목적은 물론,

② 모든 존재의 실상이 진여체(眞如體)라는 사상,

③ 마음의 본성이 불성(佛性)이라는 사상,

④ 현실 세계가 깨닫기 전에는 '무상·고·무아·부정(不淨)'의
예토(穢土) 세계이지만, 깨닫고 나면 상(常)·락(樂)·아(雅)·정
(淨)의 정토(淨土) 세계라는 사법인설,

⑤ 그리고 모든 중생이 팔정도 및 육바라밀의 실천(수행)을
통해서 최고 행복을 실현할 수 있다는 사성제설 등등 모두가 그
렇습니다.

◎ 불교의 인생관과 행복

그러면 불교의 인생관은 무엇일까요. 그 근원은 앞에서 언급한 '사성제설(四聖諦說)'에 있습니다. 왜냐하면, 부처님이 깨달은 궁극적 진리가 '연기'이고 이 연기를 구체화시킨 것이 사성제설이기 때문입니다.

사성제(catvāri-āryasatyāni)는 앞에서 언급한 바와 같이, 고집멸도(苦集滅道)의 사제(四諦: 네 가지 성스러운 진리)로서, 일체가 괴로움이라는 '고제(苦諦)', 괴로움은 집착(번뇌)에 의해 생긴다는 '집제(集諦)', 괴로움을 멸하면 열반(최고 행복)이라는 '멸제(滅諦)', 팔정도(八正道)가 괴로움을 멸하는 길이라는 '도제(道諦)'를 말합니다. 도제의 원인에 의해 실현되는 멸제의 삶은 모든 괴로움과 번뇌가 소멸한 최고 행복의 삶입니다.

그런데 중요한 것은 팔정도의 실천(수행)에 의해 이상 세계인 열반(깨달음, 최고 행복)의 세계에 들어갈 수 있는 것은 사람을 비롯한 모든 중생이 불성(佛性)을 갖고 있기 때문에 가능하다는 점입니다. 따라서 불교의 인생관의 핵심은 바로 '사람은 누구나 불성을 갖고 있는 존재'라는 것이라고 할 수 있습니다.

그러므로 최고 행복인 열반(깨달음)을 얻기 위해서는 우리가 불성을 갖고 있는 존재라는 것을 '확신'하는 것이 선결 과제입니다.

어떤 사람이 어렸을 때 집을 잃고 여기저기 떠돌아다니면서 수십 년을 보냈다. 이제 늙고 가난하여 의식(衣食)을 찾아 사방으로 헤매다가 우연히 옛날의 고향으로 들어섰다. 그는 품을 팔면서 이집 저집 다니다가 마침내 부자가 사는 집에 이르러 문밖에서 기웃거렸다. 그때 부자(富者)는 그가 자기 아들임을 한눈에 알아보고 반가워서 어쩔 줄을 몰랐다. 그리고 이렇게 생각했다.

'내 창고에 가득한 재산을 이제 전해 줄 사람이 생겼다. 잃었던 아들이 제 발로 돌아왔으니 내 소원을 이루게 됐구나.'

부자는 하인을 시켜 곧 그를 데려오도록 하였다. 그러나 아들은 놀라면서, "나는 아무 잘못이 없는데 왜 붙잡습니까."하고 뿌리치며 달아나버렸다.

아들이 놀라 달아나는 것을 보고 부자는 한 꾀를 생각했다. 이번에는 아들처럼 형색이 초라하고 보잘것없는 두 하인을 보내면서 이렇게 당부했다.

"너희들은 그에게 가서 좋은 일자리가 있는데 거기서는 삯을 곱절을 주니 함께 가지 않겠냐고 해 보아라. 그래서 그가 좋아하면 데리고 오너라."

두 하인이 부자의 아들을 찾아가 그와 같이 말한 뒤 그날부터 그는 부자의 집에서 삯을 받고 일하게 되었다.

세월이 지남에 따라 점차 두려움도 사라지고 부자의 집안일에 익숙하게 되었다. 그러나 아직도 부자가 자기의 아버지인 줄은 모르고 있었다.

어느 날 부자는 죽을 날이 얼마 남지 않았다는 것을 알고 아들을 불러 이렇게 말했다.

"내게는 금은보화가 많아 창고마다 가득 차 있다. 그 안에 있는 재산이 얼마인지 알아 두고, 또 남에게 받고 줄 것도 모두 네가 맡아서 처리해 다오. 이제는 나와 네가 다를 것 없으니 조심해서 잘 관리하여라."

얼마 후 부자는 아들이 자신에게 마음을 열고, 자신이 못났다고 생각하던 예전의 생각들을 잊었다는 것을 알게 되었다. 죽음이 임박해진 어느 날 부자는 아들을 시켜 친척들을 모이게 하고 이와 같이 말했다.

"이 사람은 본래 내 아들입니다. 그는 어렸을 때 집을 잃고 여러 곳으로 헤매 다녔습니다. 그동안 나는 아들을 찾기 위해 갖은 애를 썼지만 찾을 수 없었습니다. 그런데 뜻밖에 만나게 되었습니다. 내가 가졌던 모든 재산을 아들에게 넘겨줍니다. 앞으로는 모든 일은 아들이 대신 맡아 할 것입니다."

이때 아들은 부자의 말을 듣고 비로소 아버지임을 알았다. '나는 이 재산에 대해서 어떠한 희망도 가지지 않았는데, 이제 엄청난 재산을 갖게 되었구나.' 하고 기뻐했다.

이 우화 속의 부자는 부처님을 비유하고, 헤매던 아들은 미망(迷妄)에서 몸부림치는 중생을 비유한 것이고, 금은보하 등의 재산은 깨달음을 비유한 것이다.

이는 <법화경>에 나오는 이야기입니다. 사람은 누구나 깨달음(최고 행복)을 실현할 수 있는 불성(佛性)을 갖고 있음에도 불구하고 그것을 모르고 온갖 괴로움과 번뇌 속에서 헤매는 중생을 깨우치기 위해 설해진 것입니다. 다시 말해, 우리 자신이 불성의 존재라는 올바른 인생관을 가질 것을 경책(警責)하는 가르침인 것입니다.

탈 벤 샤하르 교수는 "행복한 삶을 위해서는 자기 자신을 가치있는 사람이라고 믿을 수 있어야 한다. … 자신의 가치를 인정하지 않는 것은 곧 자신의 재능과 잠재된 가능성 그리고 인생을 즐길 권리를 외면하는 것이다."라며 우리가 행복하기 위해서는 스스로 '행복할 수 있다'는 확신을 가져야 한다고 강조하고 있습니다.

한편, 벤 샤하르 교수는 ≪하버드대 행복연습 52주≫에서 이렇게 말했습니다.

"'행복'이라는 하늘의 선물을 받고 싶다면 스스로 기회를 만들어야 한다. 마개가 꼭 닫힌 병을 가지고는 아무리 열심히 노력하고 아무리 세차게 물줄기를 부어도 물을 담을 수 없다. 물은 병 주위를 흐를 뿐 결코 병 속에 들어가지 않는다. 마찬가지로 우리가 자신에게 행복의 문을 열어주어야만 이미 주어진 행복을 만끽할 수 있다."

우리는 스스로 최고 행복을 실현할 수 있는 불성을 가진 존재라는 인생관 그리고 이 세상은 스스로 밝지 못한 눈[肉眼]으로 보면 지옥(예토) 세계이지만 밝은 눈[佛眼]으로 보면 극락(정토) 세계라는 세계관을 갖고 주어진 행복을 만끽할 수 있도록 행복의 문을 열어주어야 하겠습니다.

또한, 우리가 행복하기 위해서는 자기 자신을 존중하고 사랑해야 합니다. 즉, 우리의 불성을 회복하기 위해서는 자기 자신을 존중하고 사랑하지 않으면 안 됩니다. 자기 자신을 존중하고 사랑하는 것이 당연하다는 것에 대해 <빨리 상응부>에 이런 이야기가 있습니다.

구사라왕 '파세나디'에게는 '맛리가'라는 현명한 왕비가 있었다. 맛리가란 흰 꽃이 피는 나무인데 왕비가 날마다 맛리가의 꽃을 꺾어 머리에 꽂고 있기 때문에 붙여진 이름이었다.

어느 날 파세나디 왕이 왕비 맛리가와 함께 높은 누각에 올라가게 되었다. 발아래 구사라의 산야(山野)가 아득하게 펼쳐져 있었다. 참으로 웅대하고 장엄한 전망이었다. 그때 왕이 문득 왕비를 바라보며 물었다.

"그대는 이 세상에서 가장 사랑스런 사람이 누구라고 생각합니까?"

왕은 틀림없이 자기가 가장 사랑스런 사람이라고 말하리라고 믿고 있었으면서도 그 말을 왕비로부터 직접 듣고 확인하고 싶어 던져 본 질문이었다. 그런데 맛리가 왕비의 대답은 의외였다.

"이 세상에서 가장 사랑스런 것은 저 자신입니다. 왕께선 자신을 가장 사랑하지 않으신지요?"

왕은 마음에 썩 들지 않은 답변에 섭섭함을 느꼈다. 그래서 누각에서 내려오자마자 기원정사에 있는 부처님을 찾아가 가르침을 청했다. 왕의 질문을 받은 부처님은 왕에게 이렇게 말했다.

"이 세상에서 자기 자신보다 더 사랑스런 것은 없습니다. 자신을 사랑할 줄 모르고 남을 사랑한다는 것은 위선에 지나지 않습니다."

자기 자신을 존중하고 사랑해야 할 현실적인 이유가 또 있습니다. 그것은 우리 모두는 수없이 많은 인연의 연속에 의해 탄생한 고귀하고 소중한 생명체이기 때문입니다.

천문학자들에 의하면, 태양이 속해있는 우리 은하에는 약 2,000억 개의 별이 있다고 합니다. 또, 우주에는 이런 은하가 약 2,000억 개가 있다고 합니다. 2,000억 × 2,000억 개의 별은 지구상의 모든 바닷모래보다 훨씬 많은 숫자라고 합니다. 그리고 우리 은하에서는 매년 약 10개의 별이 탄생하고 죽으며, 우주에서는 매년 약 4,000개의 별이 탄생하고 죽는다고 합니다.

그리고 지구에는 118가지의 원소가 있는데 그중에서 철과 같이 무거운 원소들은 별이 수없는 탄생과 죽음을 반복해야만 생긴다고 합니다. 그러니까 우리 지구는 별이 수없이 탄생하고 죽는 것을 반복한 인연에 의해서 생긴 것입니다.

그런가 하면, 우리는 아버지의 2억 내지 5억 개의 정자 중에서 1개가 어머니의 난자에 안착함으로써 새로운 생명체로 탄생한 것입니다. 그야말로 놀라운 인연이 아닐 수 없습니다. 부모가 만난 것도 천생(千生)의 인연에 의한 것이요, 내가 탄생하게 된 것도 '2억~5억 대 1'의 인연에 의한 것입니다. 그러므로 우리 인간은 너나 할 것 없이 수없는 인연의 연속에 의해 탄생된 소중하고 고귀한 생명체입니다.

<법구경>에서 "인간으로 태어난다는 것은 굉장한 행운이니 살아있는 동안 진리 탐구에 전력을 다하라."라고 설하였고, <잡아함경>에서 인간으로 태어나는 것이 얼마나 어려운지를 다음과 같이 언급하고 있습니다.

바다 한 가운데 한 마리의 눈먼 거북이가 있다고 하자. 한 량없는 세월을 살면서 백년에 한 번 머리를 바닷물 밖으로 내민다고 하자. 그리고 또 바다에 떠있는 나무가 있고 하나의 구멍이 뚫려있으며 바다의 물결 흐르는 대로 바람따라 이리저리 둥둥 떠가는데, 눈먼 거북이가 백년에 한 번 머리를 내밀다가 이 구멍을 만난다고 하자. 그러면 거북과 함께 떠있는 나무가 바다 동쪽으로 가고 혹은 서쪽으로도 가며 싸고 도는 것도 그와 같다.

만약 어긋난다 하더라도 어쩌다 다시 만나기도 하겠지만, 범부가 지옥(地獄), 아귀(餓鬼), 축생(畜生), 천상(天上), 인간(人間)의 다섯 갈래 바다에 표류하면서 다시 사람 몸을 회복한다는 것은 이보다 더욱 어렵다.

이렇게 수없는 인연의 연속에 의해 탄생된 우리는 자기 자신을 존중하고 사랑하면서, 매일매일 의미와 즐거움으로 가득한 행복한 나날을 살아야 할 '권리'와 행복을 나눌 '의무'가 있는 것입니다. 우리 모두는 이미 무한한 행운이요, 행복 그 자체입니다.

자신을 존중하고 사랑하는 것을 '자존감(self-esteem)'이라고 합니다. 따라서 자존감은 '남에게 굽힘이 없이 자기 스스로 높은 품위를 지키는 마음'을 의미하는 자존심과는 완전히 다른 말입니다.

행복학자들의 수많은 연구에 의하면, 자존감이 높을수록 행복감이 높아진다고 합니다. 우리는 누구나 늘 자존감을 갖고 자신을 사랑해야 합니다. 힘들 때일수록 더 그래야 합니다.

듀크대학 심리학 마크 리어리 교수는 자기를 사랑하는 것이 행복에 어떻게 영향을 미치는지를 연구한 결과 이렇게 말했습니다. "자기를 사랑하는 사람들은 자신에게 아무리 나쁜 일이 일어나도 스스로를 비하하지 않는다. 실패를 겪거나 실수를 할 때마다 자기 자신을 다그친다면 닥쳐올 어려운 문제들을 극복할 수 없을 것이다. … 자기를 사랑하는 것은 행복의 중요한 요소이다."

◎ 불교의 세계관과 행복

다음으로, 불교의 세계관은 무엇일까요. 그 근원은 앞에서 살펴본 '사법인설(四法印說)'에 있습니다.

사법인은 앞에서 언급한 바와 같이, 제행무상(諸行無常), 일체개고(一切皆苦), 제법무아(諸法無我), 열반적정(涅槃寂靜)을 말합니다. 즉, 현실 세계(범부의 세계)는 '무상·고·무아·부정(不淨)'의 세계이지만, 이상 세계(깨달음의 세계, 최고 행복의 세계)는 '상·락·아·정(淨)'의 세계라는 것입니다.

다시 말해, 이 세상은 깨닫기 전에는 무상·고·무아·부정(不淨)의 세계이지만 깨닫고 나면 상(常)·락(樂)·아(我)·정(淨)의 세계라는 것입니다. 마치 동전의 앞뒷면과 같다는 것입니다. 즉, 이 세상은 깨달음(최고 행복)을 실현하지 못한 중생의 눈으로 보면 지옥의 예토이지만 깨달음(최고 행복)을 실현한 부처님의 눈으로 보면 극락(최고 행복)의 정토라는 것입니다.

이에, <불승도리천위모설법경>에 "무지몽매해서 눈이 밝지 못한 자가 보는 세계는 예토의 세계로 보이지만, 지혜로워서 눈이 밝은 자가 보는 세계는 깨달음의 세계로 보인다."라고 한 것입니다. 그래서 부처님을 '눈이 밝은 분'이라고도 부릅니다.

그러므로 중국 당나라 혜능(慧能 638~713)대사는 ≪육조단경≫에서 "올바른 견해가 깨달음의 세계요, 삿된 견해가 중생의 세계다."라고 한 것입니다.

이 세상이 지옥의 예토인 동시에 극락(최고 행복)의 정토라는 불교의 세계관은 우리가 행복한 삶을 살아가는 데 매우 중요한 기능을 합니다. 왜냐하면, 우리는 누구나 불교의 수행 덕목을 실천함으로써 현생에서 최고 행복을 누릴 수 있기 때문입니다.

그러면 '잘못된 견해'에는 어떤 것이 있을까요. <화엄경>에 다음과 같이 설해져 있습니다.

이 세상에는 세 가지 잘못된 견해가 있는데, 사람이 여기에 현혹(眩惑)되면 이 세상 모든 것을 부정한다.

첫째는 모든 사람의 인생은 숙명(宿命)이 결정한다는 것이고, 둘째는 만물은 신(神)의 피조물이기 때문에 신이 뜻대로 부린다는 것이며, 셋째는 세상 모든 일은 어떤 인연도 없이 우연(偶然)히 생긴다는 것이다.

만일 세상 모든 일이 숙명으로 결정된 것이라면 착한 행동과 악한 행동이 예정된 것이며, 행복과 불행이 운명으로 정해졌다는 말이다. 그렇다면 사람이 진보하고 발전하기 위해 계획하고 노력하는 것이 모두 공허난 일이고, 인류에게는 아무런 희망도 없을 것이다.

다른 두 견해도 마찬가지다. 모든 일을 알 수 없는 신(神)이나 우연(偶然)이 좌우한다면 인간은 거기에 굴종할 수밖에 없으므로 희망을 잃고 악을 멀리하고 선하게 살아가려는 노력도 안 할 것이다.

그러나 사실 그런 개념이나 견해는 옳지 못하고, 모든 일은 인연이 쌓여서 생긴 현상의 연속이다.

물론, 올바른 견해를 갖기 위해서는 자기중심적인 '편협한 견해'에 빠지지 말아야 합니다. 원효(元曉 617~686)대사는 사기중심적인 '편협한 견해'에 대해 다음과 같이 경책(警責)하고 있습니다.

"자기가 조금 들은 바 좁은 견해만을 내세워, 그 견해에 동조하면 좋다고 하고, 그 견해에 반대하면 잘못이라고 하는 사람이 있다. 그런 사람은 마치 갈대구멍으로 하늘을 보는 것과 같아서, 갈대구멍으로 하늘을 보면 좋다고 하고, 그렇지 않은 사람은 하늘을 보지 못하는 자(者)라고 한다."

우리는 앞에서 올바른 견해(정견), 즉 우리의 인생관·세계관이 행복에 큰 영향을 준다는 사실을 알 수 있었습니다. 또한, 불교의 인생관과 세계관은 최고 행복의 기회와 가능성인 불성(佛性)·진여체(眞如體)·열반(涅槃)을 기본으로 하고 있다는 것도 살펴보았습니다.

따라서 우리는 기회와 가능성의 희망을 갖고 선행(善行)을 하면서 행복한 삶을 살아야 하겠습니다. 이제 우리는 때와 장소를 가리지 않고 현실 세계를 '최고 행복'의 기회와 가능성이 있다고 바라보는 인생관과 세계관을 갖고 '삶의 기쁨을 음미'하면서 다같이 행복을 만끽하고 나누어야 하겠습니다.

◎ 삶의 기쁨을 음미(吟味)하기

<사십이장경>에서 "부처님 진리를 터득하고 따르는 사람은 무지(無智)의 암흑을 씻어 버릴 지혜의 빛을 가진 것이다."라고 했습니다. 우리가 연기(緣起)의 진리 속에서 불성(佛性)을 갖추고 있다는 인생관과 이 세상이 예토인 동시에 정토라는 세계관을 갖는 것이 바로 암흑을 씻어 버릴 지혜의 빛을 갖는 것입니다. 이러한 지혜의 빛으로 매일 매일을 삶의 전부로 느끼면서 삶의 기쁨을 음미하는 것이 행복한 삶을 살아가는 정도(正道)입니다.

중국 송나라 원오극근(圜悟克勤 1063~1135)스님은 ≪벽암록≫에서 이렇게 말했습니다. "내 인생에서 가장 행복한 날은 언제인가, 바로 오늘이다. 내 삶에서 절정의 날은 언제인가, 바로 오늘이다. 내 생애에서 가장 귀중한 날은 언제인가, 바로 오늘의 지금이다. 어제는 지나간 오늘이요, 내일은 다가오는 오늘이다. 그러므로 오늘 하루하루를 이 삶의 전부로 느끼며 살아야 한다."

소냐 류보머스키 교수는 이렇게 말했습니다. "아름답거나 평범한 일상의 대상들 속에서 성스러움을 발견할 수 있는 능력을 개발하라. 먹을 것이든 아이의 웃음이든 첫 눈이든 모든 것이 성스러울 수 있다."

다음은 소설가 마르셀 프루스트가 과자를 먹으면서 체험했던 일화입니다. 류보머스키 교수는 이 글을 《행복 증진 전략》에 인용하면서, 우리가 행복해지려면 "평소의 일상생활에서 삶의 기쁨을 음미해야 한다."라고 강조하고 있습니다.

나는 홍차에 적신 케이크 한 조각을 스푼에 담아 입가로 가져갔다. 따뜻한 액체에 젖은 부스러기가 혀를 건드리는 순간 전율(戰慄)이 나를 휩쓸고 지나갔다. 나는 이 신기한 일에 빠져서 멈췄다. 형언할 수 없이 달콤한 즐거움이 내 감각 안으로 들어왔는데 홀로 뚝 떨어져서 난데없이 침입한 그 즐거움은 도무지 그 근원을 짐작조차 할 수 없었다. 그 순간 인생의 부침(浮沈)은 갑자기 나와는 무관한 것이 되어버리고 삶의 온갖 재앙조차 밋밋하게 여겨지고 그 무상함은 환영(幻影)이 되었다. 이 새로운 감각은 마치 소중한 본질로 나를 채워주는 사랑과 같은 효과를 남겼다. 아니, 그 본질은 내 안에 있는 것이 아니라 바로 나 자신이었다. 나는 이제 자신을 시시하고 우발적인 필멸(必滅)의 존재라고 느끼지 않게 되었다.

이 인용문에서와 같이, 우리는 바쁜 일상생활에서 삶의 기쁨을 제대로 음미하지 못하거나 인식하지 못한 채 무의식적(무자각적)으로 지나치는 경우가 허다합니다.

이러한 현상을 탈 벤 샤하르 교수는 "우리는 때때로 바로 눈앞에 있는 즐거움과 의미의 풍부한 원천을 알아보지 못한다. 행복의 가능성은 우리 주위에 널려 있지만 다른 곳에 정신이 팔려 있으면 그것을 알아보지 못하고 그냥 지나쳐버릴 수 있다. 가능성을 현실로 만들려면 먼저 가능성의 존재를 인식해야 한다."라며, 우리가 마음만 먹으면 우리의 주변에 즐거움과 의미가 있는 행복의 원천들이 수 없이 많다는 것을 강조하고 있습니다.

이어서 벤 샤하르 교수는 일상에서 행복의 원천을 인식하기 위해 갖추어야 할 마음가짐을 다음과 같이 제시하고 있습니다.

행복한 사람은 희로애락(喜怒哀樂)을 모두 경험하지만, 그의 전반적인 감정 상태는 긍정적이다. 대체로 분노나 죄의식과 같은 부정적인 감정보다는 기쁨이나 애정과 같은 긍정적인 감정에 따라 움직인다. 그에게 즐거움은 일상이고 고통은 예외가 된다. 행복하기 위해서는 때로 슬픔이나 시련, 고난을 만나더라도 여전히 살아 있는 기쁨을 느낄 수 있어야 한다.

실제로 우리는 즐거움과 의미를 음미할 수 있는 원천들이 없어서가 아니라 원천들이 눈앞에 널려있음에도 불구하고 그것들을 제대로 음미하지 못함으로써 기쁨과 행복을 체험하지 못하는 것입니다.

호스피스 운동의 선구자이며 정신의학자인 엘리자베스 퀴블러 로스와 그녀의 제자인 데이비드 케슬러는 평생 동안 죽음을 앞둔 사람들을 보살피면서 느끼고 배운 것들을 《인생 수업 Life Lessions》이라는 책으로 펴냈습니다. 그들은 다음과 같은 말로서 그 책의 결말을 맺고 있습니다.

죽음을 앞둔 사람들이 우리에게 가르쳐 주는 가장 중요한 교훈은 모든 날들을 최대한으로 살라는 것입니다.

마지막으로 바다를 본 것이 언제였습니까? 아침의 냄새를 맡아본 것은 언제였습니까? 정말로 음식을 맛보고 즐긴 것은? 맨발로 풀밭을 걸어 본 것은? 파란 하늘을 본 것은 또 언제였습니까? 이것은 다시 얻지 못할지도 모르는 경험들입니다. 우리 모두 그것을 알고 있습니다. 죽음을 앞둔 사람들이 한 번만 더 별을 보고 싶다고, 바다를 보고 싶다고 말하는 것을 들으면 언제나 정신이 번쩍 듭니다.

많은 사람들이 바다 가까이 살지만 바다를 볼 시간이 없습니다. 우리 모두 별 아래에 살지만 가끔이라도 하늘을 올려다보나요? 삶을 진정으로 만지고 맛보고 있나요? 평범한 것

속에서 특별한 것을 보고 느끼나요? (중략)

눈을 뜨는 매일 아침, 당신은 살아갈 수 있는 또 다른 하루를 선물 받은 것입니다. 당신은 언제 마지막으로 그 하루를 열정적으로 살았나요?

이번 생과 같은 생을 또 얻지는 못합니다. 당신은 이생에서처럼, 이런 방식으로 이런 환경에서, 이런 부모, 아이들, 가족과 또다시 세상을 경험하지는 못합니다. 당신은 결코 다시 이런 친구들을 만나지 못할 것입니다. 다시는 이번 생처럼 경이로움을 지닌 대지를 경험하지 못할 것입니다. 삶의 마지막 순간에 바다와 하늘과 별 또는 사랑하는 사람들을 마지막으로 한 번만 더 볼 수 있게 해달라고 기도하지 마십시오. 지금 그들을 보러 가십시오.

최근, 덕수궁 미술관에서 '나는 세 개의 눈을 가졌다.'라는 주제로 '한국근대미술 소장품기획전'이 있었습니다. 작가들이 육안(肉眼), 심안(心眼), 영안(靈眼)의 세 눈으로 본 세계를 예술로 승화시킨 것들이 전시되어 있었습니다.

우리는 육안으로만 세상을 보는데 익숙해져서 세상의 미적(美的) 예술성을 그냥 지나침으로서 아름다움과 의미를 맛보지 못하고 있습니다. 그러면서 세상이 삭막하다고 불평합니다. 다시 말해, 삶의 기쁨을 만끽하지 못하며 힘들게 살아가고 있습니다.

불교에서는 육안(肉眼), 천안(天眼), 혜안(慧眼), 법안(法眼) 그리고 불안(佛眼) 등 다섯 가지 눈(五眼)이 제시되고 있습니다.

육안(肉眼)은 육체적인 눈을 말하며 가장 낮은 단계의 인식능력을 가진 눈을 뜻합니다. 따라서 육안은 눈에 보이는 현상만 볼 수 있고 그 내면의 이치(진리)는 보지 못하는 눈입니다.

천안(天眼)은 멀리 또 널리 볼 수 있고 중생의 미래도 두루 알 수 있는 눈입니다.

혜안(慧眼)은 차별심을 떠나 평등심으로 봄으로써 현상과 그 내면의 이치(실상 또는 진리)까지도 관찰할 수 있는 눈입니다.

법안(法眼)은 삼라만상(森羅萬象)이 갖고 있는 일체의 진리 법칙을 통찰하고 또 중생을 교화하는 방법까지도 두루 아는 보살(菩薩)의 눈입니다.

불안(佛眼)은 깨달음(최고 행복)을 실현한 부처님의 눈입니다. 사람은 누구나 불성(佛性)을 갖고 있기 때문에 불교수행을 올바르게 하면 불안(佛眼)을 가질 수 있습니다. 모든 현실을 있는 그대로 여실(如實)하게 볼

십우도(심우도) 중 9단계의 그림을 반본환원(返本還源)이라고 하는데, 이는 깨달음을 실현하고 불안(佛眼)으로 본 '있는 그대로의 모습(현실세계의 실상)'을 묘사한 것임. (자료:네이버 지식백과)

수 있는 것입니다. 그러면 현실은 최고 행복 그 자체, 최고 행복의 세계 그 자체가 됩니다.

소냐 류보머스키 교수는 삶의 기쁨을 음미하기 위한 전략으로 "특별한 체험이 아니라 일상적인 체험을 음미하라."라며, 전문가들의 실험 결과를 다음과 같이 제시하고 있습니다.

우울함을 겪고 있는 참가자들에게 하루에 몇 분씩 시간을 내서 평소에 허둥지둥하는 일, 즉 식사, 샤워, 업무 마무리, 지하철역까지 걸어가기 등을 음미하면서 해보라고 지시했다. 음미하기를 마친 뒤에는 사람들에게 서둘러 했을 때와 비교해 어떤 차이가 있었는지 느낌을 적도록 했다. 또 다른 연구에서는 건강한 학생과 지역 주민들에게 하루에 즐거운 사건 두 가지를 2, 3분씩 숙고(熟考)해 보고 가능한 한 즐거움을 강력하고 오래 지속시키도록 노력하면서 음미해보도록 지시했다. 이 모든 연구에서 규칙적으로 음미하는 연습을 하도록 독려 받았던 참가자들은 행복감이 상당히 증가하고 우울증이 줄어드는 결과를 보였다.

그러면서 류보머스키 교수는 일상적인 활동 속에서 반복하는 활동들을 보다 세밀하게 '관찰하고 음미하라'고 권고하고 있습니다. 즉, 아침에 먹는 빵 한 쪽이나 오후의 간식을 생각 없이 삼키지 말고 천천히 먹으면서 그 향기와 고소함에 흠뻑 취해보고, 또는 집이나 직장에서 일을 마쳤을 때 곧 바로 다른 일을 시작하는 대신 자신의 성취를 만끽하며 즐기고, 쌀쌀한 야외에서 상쾌하게 산책을 한 후 뜨거운 물로 땀을 씻는 호사(好事)도 누리라고 충고하고 있습니다.

이에, 류보머스키 교수는 기쁨을 음미하는 전략의 하나로 '현재의 순간에 깨어있음', 즉 '알아차림'을 수행하는 불교명상을 실천할 것을 권하고 있습니다. 과거나 미래는 우리가 제어할 수 없습니다. 다만 현재의 순간만을 제어할 수 있을 뿐입니다.

기쁨이나 행복은 과거나 미래에 있는 것이 아니라 늘 나와 함께 '지금'에 있는 것입니다. 기쁨이나 행복은 멀리 있는 것이 아니라 늘 나와 함께 '여기'에 있는 것입니다. 기쁨이나 행복은 다른 누군가가 주는 것이 아니라 내 곁에 늘 존재하고 있는 것입니다.

따라서 기쁨이나 행복은 내가 스스로 노력해서 음미하고 만들어가야 하는 것입니다. 다시 말해, 기쁨이나 행복은 내가 '함께하고, 지켜보고, 느끼고, 깨어있는' 알아차림 속에 있는 것입니다.

심리학자인 커트 브라운과 리차드 라이언은 '내가 무엇을 하는지 별 인식 없이 자동적으로 행동하는 경향이 있다.' 혹은

'목적지를 향해 빨리 가느라 가는 도중에 일어나는 일에는 신경을 쓰지 않는 편이다.'라는 질문에 '아니다'라고 답하면 삶을 음미할 수 있는 평온한 상태에 있고 집중을 잘하는 사람으로 측정했습니다. 그 결과, '마음이 평온하여 삶을 음미할 준비'가 되어 있고, 현재에 더 잘 집중하는 사람일수록 더 행복하게 감사하며 사는 것으로 밝혀졌습니다.

'마음이 평온하여 삶을 음미할 준비'를 위해서는 '마음의 여유'를 가져야 합니다. 현대 사회는 점점 더 바빠질 수밖에 없는 속성이 있습니다. 이런 현실(상황)에 얽매이지 않기 위해서는 마음의 여유를 갖는 것이 중요합니다. '바쁜 삶' 속에서 마음의 '여유'를 갖는 것을 습관화하는 것이 삶의 기쁨을 음미하며 행복한 삶을 누리는 지혜입니다. 즉, 상황에 얽매이지 않고 상황을 관리해야 합니다. 그 어떤 상황에도 걸림이 없는 무애(無㝵, 無礙)의 견해를 갖고 삶의 기쁨을 음미할 수 있어야 합니다. <화엄경>에 일체유심조(一切唯心造), 즉 "모든 것은 오직 마음에 달려있다."라는 가르침이 있습니다. 마음이 지옥도 만들고 극락도 만듭니다.

3절. 올바른 사유(정사)와 행복

정사(正思)는 정사유(正思惟)라고도 하는데 '올바른 사유'라는 의미입니다. 올바른 생각, 올바른 마음가짐, 또는 그렇게 하고자 하는 올바른 의지나 올바른 결심을 말합니다. 구체적으로 '탐욕'과 '화냄(분노)'과 '어리석음'에 빠져들지 않는 것입니다.

불교에서는 탐욕(貪), 화냄(瞋), 어리석음(痴), 이 세 가지가 온갖 괴로움과 번뇌의 악업(惡業)을 일으키는 원인이 된다는 의미에서 '세 가지 독(三毒)'이라고 합니다. 그래서 탐(貪)·진(瞋)·치(痴)를 '뜻'으로 짓는 업이라고 해서 '의업(意業)'이라고 합니다.

한편, 거짓말(妄語), 악한 말(惡語), 이간질하는 말(兩舌), 꾸며대는 말(綺語) 등 네 가지를 '입'으로 짓는 '구업(口業)', 그리고 산목숨을 죽이고(殺生), 도둑질(偸盜)하고, 삿된 음행(淫行) 등 세 가지를 '몸'으로 짓는 '신업(身業)'이라고 합니다.25) 불교

---

25) 구업(口業)에 대해서는 '2장 7절(정어와 행복)'을, 신업(身業)에 대해서는 '2장 8절(정업과 행복)'을 참조.

에서는 이러한 열 가지 악업(十惡業)을 짓지 말고, 그 반대인 열 가지 선업(十善業)을 지을 것을 수 없이 강조하고 있습니다. 왜냐하면, 선업이 곧 악업을 정화(淨化)하기 때문입니다. 아울러 선업이 곧 최고 행복으로 가는 길이기 때문입니다.

특히, 이 정사, 즉 '올바른 사유'의 덕목이 중요한 이유는 '의업(意業)'이 '구업(口業)'과 '신업(身業)'을 일으키는 원인이 되기 때문입니다.

정사(正思)
:올바른 사유   ⇒   행복

<빨리 본사부>에서 "탐욕과 화냄과 어리석음은 진심(眞心)을 잃은 자의 마음에 일어나는 세 가지 불이다."라고 설하고 있고, 아울러 <사십이장경>에서는 "탐욕과 화냄과 어리석음의 세 가지 독(毒)을 갖고 있는 사람은 마치 횃불을 손에 쥐고 바람을 거슬려 가는 것과 같아서 자신의 손을 스스로 태우는 화(禍)를 입는다."라고 설하면서, 정사(正思)가 지향하는 탐욕하지 않고(不貪慾), 화내지 않으며(不瞋), 어리석지 않을(不痴) 것을 촉구하고

있습니다.

그러면 스스로를 불행의 파멸로 빠져들게 하는 탐진치(貪瞋
痴) 삼독(三毒)의 원인은 무엇일 까요. 그것은 바로 '집착'입니다.
우리가 어떤 대상에 대해 집착하게 되면 탐욕을 일으키고, 탐욕
은 화냄을 일으키고 화냄은 어리석음을 일으키기 때문입니다. 따
라서 이 탐진치는 서로 악영향을 주고받음으로써 모든 악행의 근
원이 되는 것입니다.

◎ 탐욕은 불행의 근원, 불탐욕(不貪慾)은 행복의 근원

먼저, 탐욕과 그 반대 개념인 불탐욕(不貪慾)에 대해서 살펴보
기로 합니다.

어떤 사람이 벌판을 걷다가 성난 코끼리 한 마리를 만났다.
크게 놀라 달아나다가 다행히 우물을 발견하고, 우물 안으로
뻗어 내려간 칡넝쿨을 붙잡고 간신히 위기를 모면할 수 있었
다. 그러나 그 곳에는 네 마리의 뱀들이 사방에서 혓바닥을 날
름거리고 있었고, 또 밑바닥에는 무서운 독사가 노려보고 있었
다.
오도 가도 못하게 된 그는 칡넝쿨에 몸을 의지하고 있었는

데, 어디선가 흰 쥐와 검은 쥐가 나타나서 칡넝쿨을 갉아먹기 시작했다. 바로 그 때였다. 코앞의 칡넝쿨에 벌집이 있었는데, 그 벌집에서 꿀이 떨어져 입에 들어왔다. 순간 그는 모든 위험을 잊고 그 꿀을 맛있게 핥아 먹었다.

여기서 사람은 범부를, 코끼리는 무상(無常)을, 우물은 사람의 몸을, 칡넝쿨은 생명줄을, 뱀은 사람의 몸을 구성하고 있는 사대(四大) 요소(地·水·火·風)를, 독사는 악한 사람이 죽어서 가는 고통의 세계를, 흰 쥐는 낮, 검은 쥐는 밤, 즉 흘러가는 세월을 뜻하고, 꿀은 사람을 현혹하는 욕망을 뜻한다.

이는 <잡보장경>에 나오는 이야기입니다. 인간의 실존적 삶을 묘사하고 있는 것으로서, 특히 실존주의 철학자들이 인간의 실존적 모습을 사실적으로 묘사하고 있는 전형적인 모델로 자주 인용한 바 있습니다. 이 이야기 속에는 여러 가지 시사(示唆)하는 바가 있습니다. 특히 사람들이 '욕망'의 유혹에 쌓여 있음을 경계(警戒)하고 있습니다.

물론, 욕망 중에는 선(善)한 목표(목적)를 달성하기 원하거나, 자아실현, 진리 탐구, 자비 실현 등의 추구와 같이 바람직한 것도 수없이 많습니다. 그런가 하면, '탐욕', 즉 지나친 욕망, 지나친 욕심, 지나친 갈망과 같은 바람직하지 못한 것도 있습니다. 물론 우리가 경계하고자 하는 것은 지나친 욕망인 '탐욕'입니다.

<사십이장경>에서 "탐욕하는 사람은 칼날에 묻은 꿀을 핥아 먹는 어린아이와 같다. 꿀맛은 달지만 혀를 베이는 위험이 따른 다."라고 설하고 있습니다. 그만큼 탐욕은 불행의 근원이 되는 것 입니다.

정말 모든 것을 얻기 원하는가? 대답은 '그렇다'는 쪽으로 기우는 것 같다. 우리의 뇌는 그렇게 사고하도록 프레밍 (framing)되어져 있다. 즉, 우리는 거의 반사적으로 가능한 모 든 것을 얻고자 시도한다. 하지만 얻고 나서도 그것에 만족하 지 않는다. 우리가 손에 얻은 것은 우리를 만족시키지 못하고 오히려 더 빨리 더 많은 것을 향한 굶주림을 일깨울 뿐이다.

우리 머릿속의 회로(回路)들은 일단 이런 방식으로 작동한 다. 인간의 경우도 볼프랑 슐츠가 실험한 원숭이들과 다르지 않다. 부상(副賞)으로 주어지던 사과는 일단 거기에 익숙해지 면 더 이상 놀라운 사건이 되지 못하고, 따라서 뇌세포가 반응 을 보이지 않게 된다. 이제 원숭이들은 건포도를 원한다. 즉, 뭔가를 손에 얻을 수 있게 되자마자 또 다른 것을 갈망한다. 인간도 이처럼 결코 만족할 줄 모르는 동물이다.

그러나 사람들은 때때로 현실이 되어버린 욕망이 얼마나 권 태로운가를 간과하고 있다. 새 휴대전화나 전자제품의 매력은 간식거리의 포만감처럼 재빨리 사라져버린다.

좀 더 많은 것을 향한 욕망은 너무나 깊숙이 우리의 본질 속에 닻을 내리고 있어서 벗어나기가 대단히 어렵다.

이는 사람의 욕망은 끝이 없다는 심리학자의 실험 결과입니다. 욕망은 또 다른 욕망을 낳게 한다는 것을 일깨워주고 있습니다. 욕망이 지나치면 '탐욕'이 됩니다.

<열반경>에서는 탐욕의 결과에 대해 "탐욕이 가는 곳에는 항상 번뇌가 뒤따른다. 습한 땅에 잡초가 무성하듯이 탐욕의 습지에는 번뇌의 잡초가 무성하다. 탐욕은 꽃밭에 숨은 독사와 같다. 사람들은 꽃을 탐해 꽃을 꺾다가 독사에게 물려 죽을 지도 모른다는 것을 알지 못한다."라며 탐욕을 경계(警戒)하고 있습니다.

탐욕의 반대 개념은 불탐욕입니다. 불탐욕은 정당한(의미있는) 욕망 또는 명예나 이익 자체를 부정하는 것이 아닙니다. 지나치게 탐하는 '탐욕'을 부정하는 것입니다. 정당한 욕망·정당한 명예·정당한 이익은 행복의 근원입니다. 그러나 탐욕은 불행의 근원입니다.

그러면 탐욕심을 벗어나기 위해서는 어떻게 해야 할까요. 집착하지 않아야 합니다. 집착은 또 다른 집착을 불러올 뿐입니다. <밀린다왕문경('밀린다 팡하' 또는 '나선비구경')>에서 탐욕과 불탐욕에 대해서 이렇게 설하고 있습니다.

"탐욕에 가득 차있는 사람과 탐욕을 버린 사람은 어떻게 다릅니끼?"

"탐욕에 가득 차있는 사람은 집착하고, 탐욕을 버린 사람은 집착하지 않습니다."

"그 뜻은 무엇입니까?"

"한 사람은 지나친 욕심에 살고, 한 사람은 지나친 욕심이 없습니다."

"탐욕에 차있는 사람은 맛좋은 음식의 맛을 즐기고 그 맛에 집착하지만, 탐욕을 버린 사람은 맛은 알면서도 집착하지 않습니다."

한편, 불탐욕의 공덕에 대해서 <잡아함경>에서 "탐욕하지 않으면 집착했던 마음의 얽매임을 끊으려는 마음이 생기며, 그것이 원인이 되어 탐욕이 머무를 곳이 없어지게 된다. 의식에서 탐욕과 집착이 떠나면 그러한 의식들이 마음 안에서 자라지 않는다. 자라지 않기 때문에 행위도 없다. 행위가 없으면 적정(寂靜)하게 되고, 적정해지면 충만함이 되고, 충만해지면 자유자재로 이어진다."라며, 탐욕하지 않는 것이 충만하고 자유자재한 최고 행복으로 가는 길임을 설하고 있는 것입니다.

탐욕에 빠지지 않기 위해서는 때때로 만족할 줄 알아야 합니다. '오유지족(吾唯知足)' 즉 '오직 만족할 줄 알아야 한다.'라는

말이 있습니다. 이는 <유교경(遺敎經)>의 "만족할 줄 모르는 자
는 부유해도 가난하고, 만족할 줄 아는 자는 가난해도 부유하다."
라는 가르침에서 유래한 말입니다.

한편, 탐욕에 빠져 있을 때 스스로 탐욕에 빠져 있다고 '알아
차림'하는 것이 중요합니다. 탐욕을 알아차리면 탐욕심(貪慾心)이
사라집니다. <사십이장경>에서 "탐욕을 참으면 악한 마음도 들
지 않기 때문에 편안함과 씩씩함을 겸하게 된다. 또 탐욕을 참는
사람은 악한 마음이 없어지므로 반드시 남의 존경을 받게 된다.
그리고 마음의 때가 다 없어져 깨끗해지니 이것이 가장 밝은 것
이다."라고 설하고 있습니다.

◎ 화냄은 불행의 근원, 불진(不瞋)은 행복의 근원

그러면 이번에는 화냄(분노)에 대해서 알아보기로 합니다. 화
냄의 반대말인 불진(不瞋)은 화를 내지 않는 것입니다.

화를 내면 또 다른 화를 불러옵니다. 화를 내다보면 자기도 모
르게 화를 내는 것이 습관화 됩니다. 그러면 화냄의 악순환이 거
듭될 뿐입니다. 작은 화는 후회를 가져오고, 큰 화는 파멸을 가져
옵니다. 따라서 작은 화든 큰 화든 화를 내어서는 안 됩니다.

<법구경>에서 "우리의 몸은 마른 섶과 같고 성난 마음은 불

과 같아서 남을 태우기 전에 먼저 제 몸을 태운다. 한순간의 성
난 마음은 능히 착한 마음을 태운다." 또, <숫타니파타(경집)>에
서 "걸핏하면 화를 잘 내는 사람이 있다. 이것이 파멸의 문이다."
라며, 화냄을 경계하고 있습니다. 특히, <법구경>에서 "화를 내
면 진리를 보지 못하며, 화를 내면 불도(佛道)를 알지 못한다."라
며, 화를 내면 지혜롭지 못하게 됨을 경계하고 있습니다.

하버드대학 의과대학의 연구자들은 위중한 심장발작이 일어
나기 전 두 시간 안에 가장 일반적으로 일어나는 감정이 화냄
이라는 사실을 발견했다. 일단 심장병이 악화되면 화냄은 치명
적이다. 이미 한 번의 심장발작을 겪은 사람들은 한 차례 화를
터뜨리고 나면 심장의 수축 및 이완 능력이 7% 이상 낮아질
수 있다. 그만큼 심장으로 가는 혈액 흐름이 나빠진다. 또 스탠
포드대학 의과대학과 예일대학 의과대학에서 이루어진 연구를
보면, 심장발작을 처음 겪은 사람들 중에서 쉽게 화내는 사람
들은 그렇지 않은 심장병 환자들에 비해 10년 내에 다시 심장
발작을 일으켜 사망할 확률이 두세 배나 높았다.

이는 화를 내는 것이 자신에게 얼마나 나쁜 영향을 주는 지에
대한 의학자들의 연구 결과입니다.

그런가 하면, 화는 자신의 명성을 잃기도 합니다. <빨리 중
부>에 이런 이야기가 있습니다.

옛날에 친절하고 정숙하고 공손하기로 이름난 부자 미망인이 영리하고 부지런한 하녀 하나를 두고 있었다.

어느 날 하녀는 속으로 '주인아주머니가 착해서 평판이 좋은데, 천성이 착한지 주위 환경 덕분에 착한지 알아보겠다.'고 생각했다.

다음 날 하녀가 정오(正午)가 되어서야 나타나자, 부인은 마음이 초조해져서 성급하게 꾸짖었다.

그러자 하녀는 "제가 하루 이틀쯤 게으름을 피운다고 그렇게 나무라시면 안 돼요."하고 말해 부인을 화나게 했다.

다음 날 또 늦게 일어났더니 부인은 더욱 화가 나서 하녀를 몽둥이로 마구 때렸다.

이 일이 널리 소문이 나서 부인은 명성을 잃었다.

최근 우리나라 경찰청의 각종 범행 동기를 분석한 자료에 따르면 '우발적'으로 발생한 범죄가 가장 많은 것으로 나타났습니다. '우발적'은 홧김에, 충동적으로, 사전 계획 없이 저지른 경우를 말합니다.

그러면 화를 내지 않으려면 어떻게 해야 할까요.26) 우선 평소에 '증오심'을 갖지 말아야 합니다.

---

26) 감정조절, 특히 부정적 감정의 조절에 대해서는 '2장 8절 (정업과 행복)'을 참조.

<잡아함경>에 "증오심을 품지 말고 성내는 마음을 두지 말라. 비록 화가 머리끝까지 치밀더라도 그것 때문에 함부로 말하거나 행동하지 말라.", 또 <잡아함경>에 "표주박에 기름을 담아 활활 타오르는 불에 부으면 불은 오히려 표주박에 붙어버린다. 화냄도 이와 같아서 오히려 착한 마음을 불태워 버린다. 내 마음속에 증오심을 없애면 화냄은 쉽게 사라진다. 소용돌이치는 물결이 돌고 돌듯이 화냄도 그와 같다. 비록 한 때 화가 났다 해도 그것을 마음에 쌓아 두지 말라."라는 가르침이 있습니다. 증오심을 없애는 가장 효과적인 방법이 '용서'입니다.27)

　　다음으로, 화를 내지 않기 위해서는 참아야 합니다. 우리나라 속담에 '참을 인(忍)자 셋이면 살인(殺人)도 면한다.'라는 말이 있습니다. 참고, 참고, 또 참으면 매사가 선행(善行)과 행복으로 이어지지만 참지 못하고 화를 내면 악행(惡行)과 불행으로 이어지게 되어 있습니다. 이에, <법구경>에서 "마음의 노여움을 막고 억제하라. 마음의 악행을 버리고 선행을 하라."라고 설한 것입니다.

　　컬럼비아대학교 심리학 석좌교수인 월터 미셸 박사는 그의 저서 《마시멜로 테스트》에서 "화가 나면 일단 15분만 참으라."고

27) 용서에 대해서는 '2장 6절(인욕과 행복)'을 참조.

충고합니다. 화가 날 때 인내심을 발휘해서 15분만 참으면 인생의 미래가 달라진다는 것입니다. 그 근거는 다음과 같습니다.

미셸 박사는 1960년 대 후반에 스탠포드대학 부설 유아원에서 일명 '마시멜로 테스트(실험)'를 했습니다. 4살짜리 아이들에게 즉시 누릴 수 있는 한 가지 보상(씹으면 쫄깃쫄깃한 과자인 마시멜로 한 개)과 15분 정도 먹지 않고 기다려야만 얻을 수 있는 더 큰 보상(마시멜로 두 개) 사이에서 선택하도록 한 것입니다.

테스트를 받은 아이들 중 일부는 15분 이상 견디고 더 큰 보상을 받았습니다. 이들은 유혹을 극복하기 위해 마시멜로를 멀리 밀어내고 다른 놀이거리를 찾는 등 다양한 방법을 동원했습니다.

금동여래입상(국보 제182호)
오른손은 불행을 없애고 왼손
은 행복을 주는 의미가 있음.

수십 년이 지난 뒤, 미셸 박사는 유혹을 이긴 아이들이 어떤 어른으로 살고 있는지 궁금했습니다. 놀랍게도 당시 마시멜로의 유혹을 견딘 아이들은 그렇지 않은 아이들에게 비해 확연히 다른 삶을 살고 있었습니다. 이들은 대조군에 비해 미국 대학입학 자격시험(SAT, 2400점 만점) 점수가 평균 210점 높았고, 현저히 낮은 체질량지수를 유지하고 있었습니다. 또한, 스스로 세운 장기적인 목표에 잘 도달했고, 높은 사존삼으로 스드레스에도 길 대응 했습니디.

뇌과학자들에 의하면, 우리의 대뇌 변연계에서 작용하는 '뜨거운 충동 시스템'은 감성적이며 충동을 빠르게 불러일으킨다고 합니다. 이에 대해 전전두피질에 자리한 '차가운 억제 시스템'은 복합적이고 상대적으로 느리게 작용한다고 합니다. 그러므로 일반적으로 화가 빨리 나게 되어 있다는 것입니다.

다행인 것은 자기통제에 결정적 역할을 하는 '차가운 억제 시스템'이 우리의 노력을 통해 활성화된다는 점입니다. 즉, 참는 것을 습관화하면 전전두피질이 활성화됨에 따라 변연계에서 작용하는 '뜨거운 충동 시스템'이 상대적으로 점차 약화됨으로써 화를 잘 내지 않게 된다는 것입니다.

화를 참는 것을 습관화하는 효과적인 또 다른 방법이 평소의 '알아차림'입니다. 즉, 화가 날 때 또는 화가 나려고 할 때 곧바로 알아차리고 한발 뒤로 물러서서 자신의 화난 마음 상태를 제3자 입장에서 바라보는 것입니다. 그러면 화가 누그러지면서 사라집니다. <중아함경>에 "유능한 마부(馬夫)가 말을 잘 다루듯이 화가 치솟아 올라올 때 그것을 잘 참고 이겨내야 한다."라고 설하고 있습니다.

캘리포니아 주립대학 정신의학 및 인간행동학 교수인 그린버거 교수와 페데스키 교수는 그들의 공저 ≪기분 다스리기≫에서 "경험하는 현상에 대해 격한 감정을 가지거나 강한 반응을 보일 때 마음속에서 일어나는 생각에 주의(정신)를 집중하여 알아차리도록 해보라."라고 충고하고 있습니다.

알아차림 수행이 성숙되면 어떤 감정이 일어나려고 하는 순간 곧바로 알아차릴 수 있게 됩니다. 그러면 그 감정을 다스릴 수 있습니다. 이를테면, 화(분노)가 나려고 하는 순간 그 감정이 일어나려는 것을 알아차릴 수 있고, 따라서 화의 감정에 휘둘리지 않고 화를 조절할 수 있습니다.

또, 우리가 분노에 대응하기 위해서는 평소에 불교명상을 하는 것도 좋은 방법입니다. 최근 과학자들의 연구 발표에 의하면, 분노질환을 앓고 있는 피실험자들이 명상을 함으로써 39% 정도 분노율을 감소시켰습니다. 중요한 것은 하루에 단지 몇 분 동안의 명상이 매일의 분노를 감소시킬 수 있었다는 점입니다. 명상하는 동안 걱정을 조절하는 두뇌영역인 복내측 전두엽피질, 그리고 생각과 감정을 조절하는 전대상피질 역시 활성이 증가하였고 분노는 감소하였습니다.

이러한 연구 결과에 대해, 연구책임자가 이렇게 말했습니다. "명상은 현재 순간에 마음을 유지하도록 하는 것이며, 매일 우리가 반응하는 생각과 느낌(감정)들을 조절하도록 한다. 흥미롭게도 이 연구의 발견은 분노 완화와 명상 관련 두뇌영역은 마음이 깨어있음의 원리와 현저히 관계있다는 것을 보여준다."

결국, 화를 내지 않기 위해서 첫째는 평소에 증오심을 갖지 말아야 하고, 둘째는 화를 참는 것을 습관화해야 하고, 셋째는 화가 날 때 '화가 남'을 '알아차림'하면서 한 발 뒤로 물러서서 제3자 입장에서 바라보며 놓아버리고, 넷째는 평소에 불교명상을 하는 것이 효과적입니다.

<잡아함경>에 화내지 않음의 공덕과 관련해서 다음과 같은 이야기가 설해지고 있습니다.

　한 제자가 물었다.
　"제석천(帝釋天, 불교 수호신)은 어떤 인연으로 도리천(忉利天) 왕이 되었습니까, 부처님?"
　부처님이 대답했다.
　"세상에 있을 때 순수한 믿음으로 남을 도와주었다. 많은 보시를 행한 거야. 그것이 공덕이었지. 그리고 화를 내지 않았단다."
　다른 제자가 같은 것을 물었다. 부처님이 대답했다.

"부모님께 효도를 다했지. 스승과 어른을 존경하였지 그것이 큰 공덕이었단다. 그리고 화를 내지 않았지."

또 다른 제자가 같은 것을 물었다. 부처님이 대답했다.

"남의 일에 샘을 내지 않았지. 입으로 항상 참된 말만 했지. 남을 탓하는 일도 없었단다. 그것이 큰 공덕이었지. 그리고 화 내는 일이 없었단다."

◎ 어리석음은 불행의 근원, 불치(不痴)는 행복의 근원

그러면 이번에는 어리석음(痴)에 대해서 알아보기로 합니다.

옛날 어떤 마을에 나귀를 구경조차 한 일이 없는 사람들이 살았다. 그러나 나귀의 젖이 매우 맛이 좋다는 말은 어디서 듣고 그것을 몹시 먹고 싶어 했다.

어느 날 그들은 수나귀 한 마리를 얻게 되었다. 그들은 젖을 짜려고 서로 다투어 나귀를 붙잡았다. 어떤 사람은 머리를 붙잡고, 어떤 사람은 귀를 붙잡았으며, 또 어떤 사람은 꼬리와 다리를 붙잡기도 했다. 서로 먼저 젖을 짜 마시려고 법석을 떨고 있을 때 별안간 한 사람이 나귀의 생식기를 움켜잡고 '이것이 젖이다'고 소리 질렀다. 그러자 모두들 생식기에 달라붙어 젖을 짜려 했으나 헛수고였다.

그래서 그들은 세상 사람들로부터 비웃음을 샀다. 어리석은 사람들도 그와 같다. 진리라는 말을 듣기는 했어도 그것을 얻을 수 있는 곳에 가서 찾지 않고 어리석은 생각으로 엉뚱한 곳에서 젖을 얻으려는 것과 같다.

이는 <백유경>에 있는 이야기로서 어리석음의 극치(極致)를 묘사하고 있습니다.

어리석음은 왜 생길까요. 그것은 한 마디로 지혜롭지 못하기 때문입니다. 즉, 매사를 자기중심적으로 생각하기 때문입니다. 자기중심적으로 생각하다보면 안목이 좁아지고 안목이 좁아지면 잘못된 판단을 하는 어리석음에 빠지기 쉽기 때문입니다.

스탠퍼드대학 심리학 뉴턴 교수는 대학생 두 명을 한 조로 짝 지워 한 명에게 손가락으로 책상을 두드려서 어떤 노래를 연주하게 하고, 다는 한 명에게는 상대방이 손가락으로 연주하는 노래 제목을 알아맞히게 하는 실험을 했다.

이때 손가락을 두드려 연주하는 사람은 상대방에게 곡명을 알려줄 수 없고 입으로 흥얼거릴 수도 없다. 오로지 손가락 연주만으로 노랫가락을 표현하게 했다. 노랫가락 연주가 끝나면 청중격인 참여자는 연주자가 연주한 노래 제목을 추측해서 적고, 연주자는 자신이 연주한 노래 제목을 상대방이 알아맞힐 확률을 추측해서 적게 했다. 이런 식으로 여러 곡을 반복해서 테스트했다.

연주자의 기대치와 청중의 정확도는 얼마나 맞아떨어질까? 자료를 분석한 결과, 연주자들은 청중이 자신의 손가락 연주를 듣고 노래 제목을 알아맞힐 확률이 최소한 50%는 될 것으로 예상했다. 그러나 청중이 제목을 맞힌 비율은 겨우 2.5%에 불과했다. 자기중심성(自己中心性)의 프레임(frame)에 갇힌 우리는 우리의 생각이 항상 정확하고 객관적이라고 믿는다.

이는 사람은 누구나 '자기중심적 사고'의 어리석음에 빠지기 쉽다는 것을 보여주는 실험 결과입니다.

여기서 우리는 어리석음에 빠지지 않기 위해서는 자기중심적 사고의 틀을 벗어나 현상을 올바르게 보고 올바르게 판단하는 지혜가 필요함을 이해할 수 있습니다. 어리석음은 불행을 자초하지만 지혜는 행복을 부릅니다.

이상에서 언급한 탐진치 삼독(三毒)에 빠지지 않으려면 부정적인 면보다는 긍정적인 면을 볼 필요가 있습니다. 즉, 부정적인 사고보다는 긍정적인 '낙관적 사고'를 가져야 합니다.

우리네 일상은 사소한 낭패와 골칫거리, 잘못들로 가득하다. 대부분의 사람들이 겪는 불가피한 사건들로는 질병, 거절, 실패, 대로는 끔찍한 정신적 외상이 있다. 그렇지만 누구나 겪게 되는 삶의 부침(浮沈)에 유난히 심하게 동요하고 부정적인 생각을 떨쳐버리기 어려워하는 사람들이 가장 불행한 사람들로 나타났다. 아주 조금만 어렵거나 불쾌하거나 기분 나쁜 사건에 직면해도 그들은 자신에 대해 기분 나빠했다. 보다 행복해진다는 것은 크고 작은 부정적인 경험들에 대해 지나치게 생각하지 않는 것이며 그것으로부터 자유로워지는 방법을 배우는 것을 의미한다.

이는 소냐 류보머스키 교수가 《행복 증진 전략》에서, 좀 더 행복하려면 긍정적이고 낙관적이며 특히 자신의 성격과 감정, 문제의 의미나 원인 또는 결과에 대해 지나치게 생각하는 이른바 '과도한 생각'을 버려야 하고, 또한 다른 사람과 부정적으로 비교하는 생각을 피하라고 충고하면서 언급한 글입니다. 그러면서 류보머스키 교수는 과도한 생각이나 부정적인 비교에 빠져있는 자신을 발견할 때 스스로에게 '멈춰!' 또는 '안 돼!'라고 말하면서 당장 멈춰야 한다고 강조하고 있습니다. 과도한 생각은 또 다른 과도한 생각으로 이어지기 때문입니다.

아울러 류보머스키 교수는 밝은 면을 보기, 역경 속에서 희망을 찾기, 그릇된 것보다 옳은 것에 주목하기, 자신의 미래와 세상의 미래에 대해 좋은 감정을 갖기, 하루를 행복하게 보낼 수 있다고 믿기와 같은 것들은 모두 '긍정적 낙관주의 전략'이라고 강조하고 있습니다. 이러한 긍정적 낙관주의가 행복을 증진시키기 때문입니다.

<숫타니파타(경집)>에 이런 가르침이 있습니다. "지혜롭고 총명한 사람은 걱정이 생겼을 때 이내 지워버린다. 마치 바람이 솜을 날려 버리듯이 자신의 행복을 구하는 사람은 슬픔과 걱정과 탐욕을 버려라."

버지니아대학 심리학 데니스 프로핏 교수와 제럴드 클로어 교수는 연구 결과, 긍정적인 감정을 느끼는 사람은 세상을 더 편안한 곳으로 보는 반면, 부정적인 감정을 느끼는 사람은 더 힘든 곳으로 생각한다는 사실을 발견했습니다. 똑같은 언덕인데도 불구하고 긍정적인 감정을 느끼는 사람들보다 부정적인 감정을 느끼는 사람들이 언덕의 경사가 더 가파르고 더 겁이 난다고 보고했습니다. 따라서 "부정적인 감정을 느낄 때는 세상이 더 무서운 곳으로 보이는 반면, 긍정적인 감정을 느끼면 인생의 언덕이 더 낮아 보이고 먼 길이 더 가깝게 생각될 수 있다."는 것입니다.

또, 하버드대학의 건강 심리학자인 로라 쿠브잔스키 교수는 1,300명의 남성을 10년간 관찰한 결과, 자신을 낙관적이라고 생각하는 사람들의 심장병 발병률이 그렇지 않은 사람보다 50% 더 낮다는 사실을 밝혀냈습니다. 이는 낙관주의자와 비관주의자의 차이가 흡연자와 비흡연자 사이에 나타나는 발병률의 차이와 동일하다는 것입니다. 게다가 낙관주의자들은 폐 기능도 훨씬 좋은 것으로 나타났습니다.

즉, 현대행복학자들이나 의학자들의 연구 결과에 의하면, 이러한 긍정적 낙관주의가 행복과 건강 수준을 높이는 중요한 전략(조건)의 하나라는 것입니다.

불교는 앞에서 살펴본 바와 같이, 이 세상은 중생의 눈으로 보면 고통(번뇌, 예토, 불행)의 세계이지만 깨달은 이의 눈으로 보면 극락(보리, 정토, 행복)의 세계라는 '기회'와 '가능성'의 긍정적 낙관주의를 천명(闡明)하고 있습니다.

4절. 널리 베품(보시)과 행복

보시(布施 dāna)란, '널리 베품'을 뜻하는 것으로서 자기가 소유하고 있는 것을 필요한 사람에게 나누어주는 것을 말합니다. 구체적으로 재물을 베푸는 재시(財施), 진리를 가르쳐주어 깨달음(최고 행복)에 이를 수 있도록 하는 법시(法施), 온갖 공포를 제거하고 안심(安心, 행복감)을 주는 무외시(無畏施) 등이 있습니다.

인도 마명(馬鳴 100?~160?)스님은 ≪대승기신론≫에서 보시에 대해 다음과 같이 언급하고 있습니다.

첫째, 누구든지 와서 구하는 사람이 있으면 탐욕하고 인색한 생각을 버리고, 있는 재물을 능력껏 주어서 구하러 온 사람으로 하여금 기쁘게 해야 하며[財施],

둘째, 어떤 중생이 진리를 묻거든 자기가 아는 대로 방편을 써서 바르게 깨달을 수 있도록 말해 주어야 하며[法施],

셋째, 어떤 사람이 어려운 일을 당해 공포와 위험 앞에 놓여 있으면 그것이 나의 공포와 위험이라고 생각하고 평화와 안전을 베풀어 주어야 한다[無畏施].

특히, <잡보장경>에는 재산이 없이도 일상생활에서 누구든지 할 수 있는 일곱 가지 보시 방법을 다음과 같이 제시하고 있습니다.

① 신체, 즉 노동으로 봉사하는 신시(身施).
② 마음으로 하는 보시로서 다른 사람을 불쌍히 여기는 심시(心施).
③ 사람들의 마음을 평온하게 해줄 수 있는 눈길을 보내는 안시(眼施).
④ 웃는 얼굴로 부드러운 표정을 보이는 화안시(和顔施).
⑤ 친절한 말로 온정을 베푸는 언시(言施).
⑥ 남에게 자리를 양보하는 상좌시(狀坐施).
⑦ 하룻밤 묵어 갈 나그네에게 방을 내주는 방사시(房舍施).

<백유경>에 이런 이야기가 있습니다. 즉, 보시는 재물이 많을 때와 같이 어떤 특정한 때만 하는 것이 아니라, 평소에 많으면 많은 대로 적으면 적은 대로 능력껏 하라는 것입니다.

어리석은 한 사람이 있었다. 그는 집안의 잔칫날을 앞두고 손님들에게 대접할 우유를 짜 모으다가 문득 이렇게 생각했다.
'날마다 우유를 짜 모으면 저장할 곳도 마땅치 않고 그 맛

도 또한 덜할 것이다. 그러니 아예 소 뱃속에서 우유가 되도록 놓아두었다가 한꺼번에 짜는 것이 좋겠다.'

　그는 새끼소마저 젖을 못 먹도록 따로 떼어 놓았다. 한 달이 지나고 잔칫날이 돌아오자 그는 소를 끌고 와서 젖을 짜려 했다. 그러나 젖을 계속해서 매일 짜내지 않았기 때문에 아무리 짜도 나오지 않았다.

　잔치에 온 스님들은 그 이야기를 듣고 모두 그를 비웃었다. 어리석은 사람도 이와 같다. 보시를 하려다 말고 '재산이 많이 모이면 그때 한꺼번에 보시하리라'고 생각한다.

　한편, 보시 수행(실천)의 공덕에 대해 <유마힐소설경(이하 '유마경')>에서 "사람들에게 널리 보시하는 즐거움, 이로움을 주는 즐거움, 이는 모든 수행자가 누리기를 원하는 즐거움이다." 또, <육취윤회경>에서 "만약 불교경전이나 세속의 책을 보시하면 해박한 큰 지혜를 과보로 받게 되며, 의약을 보시하면 편안하여 고통이 떠나게 되며, 음악을 보시하면 그 목소리가 아름다워지며, 침구를 보시하면 편안하고 즐겁게 자게 된다."라고 설하고 있습니다.

　특히, <열반경>에서 "보시하지 않으면 보시바라밀을 갖출 수 없고, 보시바라밀을 갖추지 못하면 올바른 깨달음을 이룰 수도 없다." 그리고 <광명경>에서 "보시를 수행해 성취하면 그로 인해 깨달음을 이룰 수 있다."라며 보시 수행이 깨달음(최고 행복)을 이루는 것임을 분명히 하고 있습니다.

한 현자(賢者)가 부처님께 게송(偈頌)으로 물었다.
"모든 하늘과 세상 사람들
음식을 보고 모두 기뻐하는데
과연 그 어느 세상에서도
행복과 즐거움이 저절로 따르나이까?"

부처님께서 게송으로 대답하셨다.
"깨끗한 믿음으로 보시를 행하면
이 세상이나 저 세상이나
어디든지 그가 가는 곳에는
그림자처럼 행복과 즐거움의 과보가 따르리라.

그러니 인색한 마음 버리고
때 없는 깨끗한 보시를 행하라

보시하면 이 세상이나 저 세상이나

어디서나 행복과 즐거움을 누리리라."

이는 <잡아함경>에 있는 내용입니다. 깨끗한 믿음으로 인색한 마음을 버리고, 때 없는 깨끗한 보시를 행하라는 것입니다. 그러면 행복과 즐거움을 누릴 수 있다는 것입니다.

이에, <마하반야바라밀경(이하 '대품반야경')>에서 보시는 우선 깨끗해야 한다고 설하고 있습니다. 즉, "보살의 보시는 세 가지가 청정(清淨)하나니, 주는 자와 받는 자와 주는 물건의 셋이 그것이다." 또 "보시를 할 때에는 베푼다는 생각 없이 보시하라. 참다운 보시는 베푼 사람도 없고 베푼 물건도 없고 베풂을 받은 사람도 없다."라고 설하고 있습니다.

그리고 <열반경>에서는 "보시를 하는 것은 명예나 이익을 위해서가 아니고 남을 속이기 위해서도 아니다. 그러므로 보시를 했다고 하여 교만한 마음을 갖거나 은혜 갚기를 바라서도 안 된다."라고 설하고 있습니다.

부처님께서 말씀하셨다.

"도(道)를 행할 때에는 널리 불쌍히 여기고 널리 사랑하기를 힘쓰라. 남에게 덕을 베풂에 있어서 보시보다 더 큰 것이 없으니 뜻을 세워 행하면 행복이 심히 클 것이다. 또 다른 사람이 남에게 보시하는 것을 보고 즐거운 마음으로 도와주면 또한 많은 행복을 얻을 것이다."

한 사람이 물었다.

"그러면 보시하는 사람의 행복이 마땅히 감소하지 않겠나이까."

부처님께서 대답하셨다.

"비유컨대 저 횃불과 같아서 비록 수백, 수천 명이 와서 그 불을 붙여간다 할지라도 저 횃불은 그로 인하여 조금도 줄어들지 않는다. 행복도 또한 그와 같다."

이는 <사십이장경>에 설해져 있는 내용입니다. 아무리 보시를 하더라도 행복은 줄지 않으며, 다른 사람이 보시하는 것을 도와주는 것 역시 많은 행복을 얻는다는 것입니다.

◎ '자비'는 우리 모두를 행복하게 합니다

자비(慈悲)란, 남에게 이익과 행복을 베풀고 불이익과 고통을 없애주는 것을 의미합니다. 따라서 자비의 핵심은 '베풂'입니다. 즉, 보시입니다. 남에게 이익과 행복을 주는 베풂, 그리고 남의 불이익과 고통을 없애주는 베풂, 이것이 자비입니다.

원래 자비는 '자(慈)'와 '비(悲)' 두 낱말의 합성된 말입니다. 자(mettā)는 이익과 행복을 주는 것. 그리고 비(karuṇā)는 불이익과 고통을 없애주는 것입니다. 그러므로 자는 큰 사랑, 비는 큰 연민(憐愍)이라고 할 수 있습니다.

　<빨리 상응부>에 "자비로써 마음의 해탈을 발전시키고 연마하며, 자비를 수레로 삼고, 자비를 토대로 삼고, 자비의 마음을 견고하게 하고, 자비 속에서 자신을 단련하고, 자비로움을 온전히 성취하라."라며 자비 수행(실천)을 강조하고 있습니다.

　또 <열반경>에서 "보살이 자비심을 기르면 한량없는 선행(善行)을 할 수 있다. 어떤 사람이, 무엇이 모든 선행의 근본이냐고 묻거든 자비심이라고 대답하여라. 자비심은 진실해서 헛되지 않고 선한 일은 진실한 생각에서만 일어난다. 자비심이 곧 여래요, 여래는 곧 자비심이다."라고 설하고 있습니다. 자비심이 모든 선행의 근본이요, 최고 행복(깨달음)의 근본이라는 것입니다.

　마치 어머니가 목숨을 걸고 자식을 지키듯이, 모든 살아있는 것에 대해서 한량없는 자비심을 발하라.
　또한 온 세계에 대해서 무한한 자비를 행하라. 위로 아래로 옆으로, 장애도 원한도 적의(敵意)도 없는 자비를 행하라.
　서 있을 때나 길을 갈 때나 앉아 있을 때나 누워서 잠들지 않는 한, 이 자비심을 굳게 가져라. 이 세상에서는 이러한 상태를 신성한 경지라 부른다.

　이는 <숫타니파타(경집)>에 있는 가르침입니다. 불교의 자비

사상을 함축하고 있다고 해도 과언이 아닙니다.

이러한 자비는 삼라만상과 모든 중생은 다 같이 진여체(眞如體)로서 '하나의 몸'이라는 동체사상(同體思想)에 의한 것입니다. 이렇게 '나'와 '너'가 하나인 경지에서 행해지는 자비를 동체자비(同體慈悲)라고 합니다. 나 이외의 모든 존재는 내 몸과 하나로 연결된 것이라는 진리를 깨닫고 내 몸과 같이 생각해서 자비를 실천하는 것을 말합니다.

이에, <대불정여래밀인수증요의제보살만행수능엄경(이하 '능엄경')'>에서 "네 고통이 내 고통이고, 네 행복이 내 행복이다." 라고 설한 것입니다.

이와 같은 맥락에서, 대승불교에서는 자리행(自利行)행과 이타행(利他行)을 겸비하지 않으면 성불할 수 없다고 하는 것입니다. <열반경>에서 "보살은 모든 중생에게 이로움과 즐거움을 준다. 이것이 대자(大慈)다. 또 보살은 모든 중생에게 이롭고 즐겁지 않은 일은 없애버린다. 이것이 대비(大悲)다."라고 하였고, 또 "대자대비는 곧 불성(佛性)이다."라고 설한 것입니다.

자비 수행(실천)의 공덕에 대해, <우바새계경>에서 "자비로운 마음은 온갖 행복의 인연이다." 또 <유마경>에서 "작은 등잔불 하나가 차례차례 다른 등잔에 불을 붙이듯이, 부처님의 자비의 빛도 한 사람의 마음에서 모든 사람의 마음으로 끝없이 옮아

간다."라고 설하고 있습니다.

특히, <빨리 증지부>에서는 자비 수행을 실천하면 다음과 같은 열한 가지 공덕이 있다고 설하고 있습니다.

① 편안하게 잠들고,

② 기분 좋게 잠에서 깨어나고,

③ 악몽을 꾸지 않고.

④ 사람들로부터 사랑을 받고,

⑤ 사람이 아닌 존재들에게서도 사랑을 받고,

⑥ 천신(天神, 불교의 수호신)들이 보호하고,

⑦ 불·독약무기가 해치지 못하고,

⑧ 쉽게 마음집중을 할 수 있고,

⑨ 얼굴색이 밝고,

⑩ 죽을 때 평온하게 죽고,

⑪ 금생(今生)에 깨닫지 못하면 내생(來生)에 청정한 세계에 태어난다.

미시간대학 심리학 스테파니 브라운 교수와 그의 동료들은 아주 중요한 사실을 발견했습니다. 그것은 다른 사람을 지원해주는 것이 남한테서 지원받는 것보다 더 중요하다는 사실이었습니다. 브라운 교수팀은 다른 사람에게 정서적·실질적 지원을 거의 해주지 않는 노인들과 남을 지원해주는 노인들을 비교해보았습니다. 지원을 해주지 않는 노인들은 브라운 교수팀이 추적했던 5년 사이에 사망할 가능성이 두 배나 더 높았습니다. 본래의 건강과 다른 요인들을 고려하더라도 배우자나 친구, 이웃에게 지원을 해주는 사람이 더 장수하는 축복을 누렸습니다.

<사십이장경>에 "사람은 이기심을 버리고 남을 성실하게 돕는 마음을 지녀야 한다. 남을 돕는 행동은 다른 사람에게도 남을 돕는 마음을 불러일으켜 모두 행복해진다."라는 가르침이 있습니다. 즉, 남을 도우면 우리 모두가 행복해진다는 것입니다.

특히, 불교 수행(실천)은 이기(利己)적일 때보다 이타(利他)적일 때 더 수승하게 계발됩니다. 왜냐하면, 이기적일 때보다 이타적일 때 평온한 마음을 더욱 더 유지할 수 있기 때문입니다. 또, 이타적일 때 자비심이 더욱 더 넓혀지기 때문입니다.

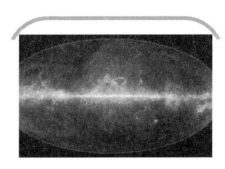

우주(자료: 네이버)
우주전체=대우주, 인간=소우주

사랑하는 동생의 죽음으로 비통해 하는 어린 딸에게 어떻게 위로해줘야 할지를 편지로 물어온 한 아버지에게, 천재적인 물리학자

알버트 아인슈타인(1879~1955)은 다음과 같은 답변의 '편지'를 써서 보냈습니다.

인간이란 우주라고 부르는 전체의 한 부분이며 시간적으로나 공간적으로 한정된 한 부분입니다. 인간은 자신의 생각이나 감정이 자신의 신체 부위와 떨어져 있다고 생각하고 있는데, 이것은 자기의식에 대한 일종의 착각입니다. 이 착각은 일종의 감옥과 같은 것으로서, 이곳에 들어가면 개인적 욕망이나 매우 가까운 주위의 몇 사람에 대한 애정에 의해 속박됩니다.

모든 살아있는 생명체와 자연 전체를 아름다움으로 널리 포용하기 위해서는 '자비심'의 범위를 넓혀 이 착각의 감옥으로부터 우리 스스로를 해방시키지 않으면 안 됩니다.

어느 누구도 이것을 완벽하게 해방시킬 수는 없지만 이렇게 해방시키려고 노력하는 자체가 이런 착각의 감옥으로부터 당신을 해방시키고, 내적인 안정을 얻기 위한 기초를 마련해 줄 것입니다.

요컨대, 자비의 대상을 '나' 또는 '가족'을 초월해서 '모든 존재(살아있는 생명체와 자연 전체)'로 확장시킬 수 있어야 한다는 것입니다. 우리는 혼자 살아갈 수 없습니다. 가족은 물론 이웃과 모든 존재와의 긴밀한 중중연기(重重緣起) 속에서만 살아갈 수 있습니다. 나아가 우리는 이 중중연기 속에서 '무한하게' 행복할 수 있습니다. 자비심을 넓히면 우리의 행복도 무한하게 넓혀지기 때문입니다.

◎ 자비심에 의한 친절과 봉사는 행복을 가져옵니다

친절이나 봉사는 자비심을 바탕으로 하는 보시의 구체적인 실천 행동입니다. 그래서 자비를 영어로 'loving-kindness'라고노 합니다.

<열반경>에서 "부처님의 가르침을 따르고자 하는 자는 오만하거나 방자하면 안 되고, 모든 사람에게 '친절'하게 대해야 한다. 존경할 만한 사람을 존경하고, 받들 만한 사람을 받들고, 누구에게나 똑같이 '친절'하게 대해야 한다."라며 친절을 강조하고 있습니다. 그러면, 자비를 실천하는 하나의 방식인 '친절'이 행복과 어떤 관련성이 있을까요?

"행복해지고 싶다면 자비심을 품어라."라는 말은 티베트 불교의 영적 지도자인 14대 달라이 라마(1989년 노벨평화상 수상)가 자주 되풀이하는 가르침이다.

나(류보머스키)는 동료들과 함께 행복 개입 실험을 했다. 참가자들을 두 집단으로 나누고 6주일 동안 매우 친절한 행동을 다섯 가지씩 하라고 지시했다. 첫 번째 집단은 일주일에 골고루 나눠서 하라고 지시했고, 두 번째 집단에게는 요일을 정해서 하루에 몰아서 친절한 행동을 하라고 지시했다.

일요일 저녁마다 참가자들은 자신이 매주 언제, 누구에게, 어떤 친절 행위를 했는지에 관한 친절 보고서를 제출하게 했다. 그들이 했던 친절 행위의 유형은 작고 단순한 도움에서부터 아주 큰 도움에 이르기까지 광범위했다. 예를 들면 '친구에게 아이스크림을 사주었다. 다른 사람 대신 설거지를 해주었다. 헌혈을 했다. 친구가 이사 간 첫날밤에 같이 있어 주었다. 양로원을 방문했다. 모르는 사람의 컴퓨터를 고쳐주었다. 여동생에게 주말 동안 차를 빌려주었다. 노숙자에게 20불을 주었다. 교수님께 열심히 가르쳐 주셔서 고맙다는 인사말을 전했다'와 같은 행동들이었다.

결과는 놀라웠다. 예상대로 사람들은 너그럽고 사려 깊게 행동하면 행복해 했다. 즉, 연구 기간에 친절한 행동을 했던 참가자들은 행복감이 증진되는 체험을 했다. 그러나 흥미롭게도 이러한 행복 증진 현상은 일주일 분량의 친절을 요일을 정해 하루에 몰아서 실천했던 사람들에게서만 나타났다. 친절한 행동을 했던 두 집단 모두 자신들이 실험을 거친 뒤 전보다 남을 더 잘 도와주게 되었다고 기술했지만 다섯 가지 친절한 행동을 일주일에 골고루 나눠서 했던 집단은 실험 전에 비해 더 행복해지지 않았다. 이는 적어도 친절에 관한 한, 일상적으로 하는 양보다 더 많이 하는 것이 행복 증진에 더 좋다는 사실을 시사한다.

　다른 연구에서는 친절 행위를 불규칙적으로 하는 것보다 규칙적으로 하는 사람들이 장기간 행복하게 해준다는 사실을 확인할 수 있었다. 그리고 친절 행위를 몇 가지 단순하게 하는 것보다 여러 가지를 다양하게 하는 것이 훨씬 좋다는 사실도 확인할 수 있었다.

　이는 소냐 류보머스키 교수가 《행복 증진 전략》에서 언급한 내용입니다. 그녀는 또 '친절의 연쇄 효과'에 대해서 이렇게 서술하고 있습니다.

　길에서 1달러를 기부 받은 사람이 기분이 좋아서 앞에 가는 휠체어를 탄 한 여성을 도와주듯이 친절한 행위가 '다음 사람에게 친절을 갚아주는' 식으로 호의가 물결처럼 계속 퍼져나가는 것이다. 친절함을 목격하거나 이야기를 듣기만 해도 사람들은 기분이 좋아지고 가슴이 따뜻해지며 감동을 받고 경외심을 느끼며 선행을 하겠다는 욕구가 강해지기 때문에 친절한 행위가 긍정적인 사회적 결과를 낳게 된다는 연구 결과도 있다. 실제로 미국에서 9.11테러의 여파 속에서 뉴욕시의 소방관, 응급구조 대원, 그리고 시민들이 영웅적으로 행동하는 모습을 지켜본 많은 텔레비전 시청자들이 소파에서 일어나서 헌혈을 하러 갔는데 그 수는 보통 때의 두 배에서 다섯 배에 이르렀다고 한다.

이러한 현상에 대해 류보머스키 교수는 "친절한 행위가 베푸는 자에게 유익한 이유는 너그럽게 베풀고자 하는 마음이 사람을 행복하게 만들어주기 때문이다."라고 언급하고 있습니다.

다음으로, 자비를 실천하는 또 하나의 방식인 '봉사'는 행복과 어떤 관련성이 있을까요.

<화엄경>에서 "불자는 삼라만상과 모든 중생이 진여(眞如)의 본성을 갖고 있음을 깨닫고, 그런 마음으로 사람을 연민(憐憫)히 여기면서 겸손한 몸가짐으로 모든 사람에게 '봉사'한다." 또, "겸손한 마음은 풍요한 토양 같아서 모든 것을 차별 없이 길러 주고, 모든 일에 불평 없이 봉사하고, 꾸준히 참으며, 항상 열중하며, 제 마음에 부처님의 가르침의 씨를 뿌려 모든 불쌍한 사람에게 봉사하는 데서 가장 큰 기쁨을 찾는다."라고 설하고 있습니다.

자원봉사를 하면 월급이 두 배로 늘어난 것만큼 행복하다. 자원봉사에 참여하는 사람은 수명도 더 길다. 테네시주 벤더빌트대학 심리학 페기 소이츠 교수와 린디 헤위트 교수가 진행한 연구에서 행복한 사람들이 자원봉사 활동에 더 많이 참가하는 것으로 나타났다. 또한, 자원봉사를 많이 할수록 그들이 느끼는 행복도 더 커진다는 사실도 밝혀졌다. 그래서 사람들은 기부나, 자원

봉사를 더 많이 하게 된다. 심리학자들은 이런 현상을 '기분이 좋으면 선행도 잘하는 현상(Feel-Good, Do-Good Phenomenon)' 이라고 부른다.

좋은 일을 하면 우리의 기분도 좋아진다. 이를 통해 친밀한 인간관계를 쌓고 타인에 대한 동정심을 키운다. 친절을 베푸는 행동은 이해관계를 떠나 순수한 즐거움을 경험할 수 있는 완벽한 기회를 제공하기도 한다.

학자들은 타인에게 친절을 베풀면 긍정적인 효과가 도미노처럼 일어난다고 입을 모은다. 또한, 자신이 남에게 관대하며 유능하다고 느끼게 해준다. 타인과 더 많이 연결되어 있다는 느낌도 준다.

버지니아대학 심리학 조너선 하이트 교수는 타인의 선행을 목격하는 사람도 감정적인 이득을 본다고 말한다. 즉, 목격자들은 행복 '상승(elevation)' 상태를 경험하는 것이다. 명예롭고 영웅적인 행위를 하는 사람을 보거나, 남을 돕는 행위를 보면 이런 감정을 느낀다고 그는 설명한다.

이는 《영국BBC 다큐멘터리 '행복'》에서 인용한 것입니다. 보시(布施)의 한 방식인 '봉사'를 하면, 자신은 물론 상대도 행복감이 상승한다는 것입니다.

5절. 윤리적 생활(지계)과 행복

지계(持戒, śīla)란, 계율(戒律)을 지키는 것으로서 '윤리적 생활'을 하는 것을 의미합니다. 즉, 자기반성을 통하여 자신의 행동을 규율하는 것을 말합니다. 따라서 지계는 개인과 사회, 나아가 모든 존재와의 관계를 형성하는 윤리적 삶인 것입니다.

어떤 나라의 궁전 뜰에 과일나무 한 그루가 있었다. 나무는 키가 크고 잎이 무성하여 얼마 안 있으면 향기롭고 맛있는 열매가 많이 맺힐 것 같았다. 왕은 그 나무 아래서 한 신하를 만나,

"앞으로 이 나무에 맛있는 열매가 많이 열릴 텐데 그대는 그것을 먹지 않겠는가?"라고 물었다.

신하는 왕에게,

"이 나무는 너무 높고 커서 먹고 싶어도 열매를 딸 수 없을 것 같습니다."라고 대답했다.

왕이 안으로 들어간 뒤 신하는 열매를 따기 쉽도록 나무를 베어 버렸다. 열매가 맺히기는 고사하고 나무가 말라 죽게 되자, 그는 다시 나무를 세워 놓았지만 헛수고였다.

수행하는 사람들도 그와 같다. 깨달음으로 가는 길에는 계율의 나무가 있어 훌륭한 열매를 맺는다. 그 열매를 먹으려면 반드시 계율을 지키고 온갖 공덕을 쌓아야 한다.

이는 <백유경>에 있는 이야기입니다. 깨달음(최고 행복)을 이루기 위해서는 계율(戒律), 즉 윤리적 생활이 매우 중요함을 일깨우고 있습니다.

<선견률>에 불교의 궁극적 복석인 깨달음(최고 행복)의 실현은 "계(戒)·정(定)·혜(慧)의 힘에 의한다."라고 설해져 있습니다. 계를 실행함으로써 정(선정)을 얻고, 정을 체득함으로써 혜(지혜)에 이르는 것입니다. 다시 말해, 계는 깨달음(최고 행복)으로 들어가는 관문인 것입니다.

이에, <유교경(遺敎經)>에서 "계율은 깨달음의 길로 나아가는 근본이다." 또, <광명경>에 "계를 수행해 성취하면, 그 공덕 때문에 깨달음을 이루게 된다."라고 설하고 있습니다.

모든 악은 짓지 말고[諸惡莫作],
모든 선은 힘써 행하며[衆善奉行],
자기 마음을 깨끗하게 하라[自淨其意].
이것이 모든 부처님의 가르침이다[是諸佛敎].

이는 <증일아함경>과 <법구경> 등에 설해져 있는 것으로서,

비바시 부처님으로부터 석가모니 부처님에 이르기까지 일곱 부처님이 공통으로 설하셨기 때문에 '칠불통계(七佛通戒)'라고 합니다. 이는 악행을 하지 않는 소극적 차원을 넘어 선행을 함으로써 마음을 깨끗이 하는 적극적 차원의 의미를 갖고 있습니다. 이는 불교의 자비 사상에 바탕을 둔 불교 윤리의 정수(精髓)일 뿐 아니라, 사람이 어떻게 살아가야 할 것인가에 대한 최고의 도리, 최고의 가치를 천명한 것이라고 할 수 있습니다. 나아가 깨달음, 즉 최고 행복으로 가는 길을 제시한 것입니다.

<보살영락본업경>에 보살이 지켜야 할 윤리로서, 첫째 악행(惡行)을 하지 않고 계율을 지켜 나가는 윤리, 둘째 모든 선행(善行)을 닦아 나가는 윤리, 셋째 힘써 중생을 교화하고 이익 되게 하는 윤리 등 세 가지를 제시하고 있습니다.

이에 대해, 원효(元曉 617~686)대사는 ≪범망경보살계본사기≫에서 "이 세 가지를 다 갖추면 최상의 깨달음의 열매를 영감(靈感)으로 느껴 알 수 있고, 이것이야말로 불사약(不死藥)인 감로(甘露)이다." 또, "첫 번째 윤리는 '단절'의 덕목이고, 두 번째 윤

리는 '지혜'의 덕목이며, 세 번째 윤리는 '은혜'의 덕목이기 때문에, 이 세 가지 공덕의 결과를 얻으면 그것이 곧 깨달음을 이루는 길이다."라고 설명하고 있습니다.

특히, 불교에서는 선행(善行)을 중요시 하고 있습니다. 선행은 곧 악행을 소멸시키기 때문입니다.

<사십이장경>에서 "악(惡)을 고쳐 선(善)을 행하면 악업(惡業)이 저절로 없어지는 것이 마치 병자가 땀을 내고 차차 회복되어 가는 것과 같다." 또, <법구경>에서 "그것이 행복이 되지 않을 것이라 해서 조그마한 선을 가벼이 여기지 말라. 한 방울의 물이 모여 큰 강물을 이루듯이 세상의 행복도 작은 선이 모여 이루어지는 것이다."라고 설하고 있습니다.

요컨대, 우리가 조그마한 선행이라도 행하게 되면 그것들이 모여서 그동안의 악업과 번뇌를 소멸시키고 행복해질 뿐 아니라 궁극적으로 깨달음(최고 행복)을 실현하는 길로 가는 것임을 일깨워주고 있습니다.

한편, 이러한 지계를 수행(실천)함으로써 얻는 공덕에 대해서, <열반경>에서 "계는 온갖 선(善)으로 올라가는 계단이요, 온갖 선이 생겨나는 근본이니, 땅이 온갖 수목을 생겨나게 하는 원인인 것과 같다." 또 <법구경>에서 "윤리를 잘 지키고 항상 어른을 공경하는 사람에게는 네 가지 복(福)이 늘 함께 한다. 수명과 즐거움과 아름다움과 건강이 그것이다."라고 설하고 있습니다. 지계, 즉 윤리적인 생활이 곧 행복을 가져온다는 것입니다.

<육방예경>에 사람들이 지켜야 할 윤리에 대해 다음과 같이 설해져 있습니다.

① 부모의 윤리 : 부모는 자식을 사랑하기를 사랑이 뼈 속 깊이 사무치도록 하여야 한다. 또, 자식에게 좋은 일을 가르쳐 주고 잘 타일러서 나쁜 일을 하지 않도록 하고, 좋은 곳에 결혼시키며, 교육시키고, 적당한 때에 가산(家産)을 물려 주어야 한다.

② 자식의 윤리 : 자식은 부모를 잘 받들어 아쉬움이 없도록 효도해야 한다. 또, 할 일이 있으면 먼저 부모에게 알리며, 부모의 당부를 어기지 않고 순종하며, 혈통을 존중하고, 가산(家産)을 잘 보전하며, 부모가 세상을 떠난 뒤에는 제사를 지내야 한다.

③ 남편의 윤리 : 남편은 아내를 존중하여야 한다. 또, 관대하게 대하며, 정절을 지키고, 아내에게 집안 살림을 맡기며, 살림에 필요한 도구와 생활용품을 마련해 줘야 한다.

④ 아내의 윤리 : 아내는 남편을 공경하여야 한다. 또, 아

내는 애써서 살림을 알뜰히 하며, 양처(良妻)의 덕을 지녀야 히고, 항상 먼저 일어나며, 맘을 부드럽게 하여야 한다.

⑤ 스승의 윤리 : 스승은 행동을 바르게 해서 모범을 보여 야 한다. 또, 자신이 배운 것을 제자에게 옳게 전수하며, 제 자에게 좋은 방법으로 가르치고, 제자를 명예스럽게 해 주고, 온갖 수단을 써서 제자가 나쁜 길에 들어가지 않도록 해야 한다.

⑥ 제자의 윤리 : 제자는 스승을 존경하여야 한다. 또, 스 승을 우러러 받들어야 하며, 지시를 잘 따르고, 가르침이 있 을 때는 순종하여 어기지 않으며, 배운 가르침을 잘 지녀서 잊지 않아야 한다.

⑦ 고용인의 윤리 : 고용인은 피고용인에게 능력에 맞춰서 일을 시켜야 한다. 또, 적절한 보수를 주며, 병이 낫을 때 잘 돌봐 주고, 능력을 키워주며, 피로할 때 쉬게 해야 한다.

⑧ 피고용인의 윤리 : 피고용인은 일찍 일어나야 한다. 또, 맡은 일을 정성껏 완급(緩急)을 따져서 순서대로 해야 하며, 언행을 항상 정직하게 하고, 주지 않는 것을 가지지 않으며, 고용인의 명예를 칭송하여 드날려야 한다.

⑨ 친구간의 윤리 : 친구를 사귈 때에는 서로 마음을 합쳐

결점을 보충해 주어야 한다. 또, 서로 재산과 복리를 보호하여 이익을 도모하며, 말을 다정하고 솔직하게 하고, 서로 나쁜 길로 빠지지 않도록 돌보며, 곤경에 처했을 때 도와줘야 한다.

윤리가 기반이 될 때 가정과 사회에 화목하고 돈독한 인간관계가 형성되면서 우리는 다 같이 행복을 누릴 수 있습니다.

한편, 계를 잘 지키기 위해서는 계를 잘 지키지 못했을 때 '자기반성'을 통하여 자신의 행동을 규율해나가야 합니다. 불교에서는 이것을 '참회(懺悔)'라고 합니다.

불가(佛家)에 전통적 참회의식의 하나인 '자자(自恣)'라는 것이 있습니다. 이는 불교명상 수행 기간인 하안거(夏安居, 매년 음력 4월 15일~7월 15일)와 동안거(冬安居, 매년 음력 10월 15일~익년 1월 15일)를 마치면서 함께 수행한 스님들끼리 잘못을 돌아보고 참회하는 의식입니다. 즉, 스님들 각자가 차례를 기다려 대중 앞에 합장을 하고, 동료 스님들에게 안거 기간 동안 자기의 언동(言動)에 무슨 잘못이 있었는지를 지적해 달라고 청하면, 동료 스님들이 지적할 것이 있으면 지적하고 없으면 가만히 있습니다. 이것은 서로 간에 허물을 지적하고 참회함으로써 수행자 본연의 청정함을 유지하려는 의식입니다.

옛날에 한 외아들이 있었다. 부모는 외아들이 사랑스러워 온갖 정성을 쏟았다. 부모는 외아들을 훌륭한 사람으로 키우기 위해 스승에게 공부를 배우도록 했다. 그러나 그는 건방져서 공부할 생각은 않고 아침에 배운 것을 저녁에 익히려 하지 않았다. 따라서 몇 년이 지나도 아는 것이 아무 것도 없었다.

공부시키기를 단념한 부모는 아들에게 가사(家事)를 돌보게 했다. 그러나 그의 마음은 여전히 교만하고 방탕해서 조금도 힘들여서 일할 생각을 하지 않았다. 마침내 가세(家勢)는 궁핍해지고 모든 일이 형편없이 되고 말았다. 그러나 그의 방종은 여전하여 돌보는 것이 없었다. 심지어 집안 살림살이까지 내다 파는 등 제 멋대로 놀아났다.

마침내 그는 더러운 옷에다 흐트러뜨린 머리에 맨발인 채 돌아다니기에 이르렀다. 게다가 인색하고 욕심은 많아 어리석은 짓만 저지르며 살았다. 따라서 마을 사람들이 모두 미워하여 말을 나누는 자도 없게 되었다.

그러나 제 악행을 스스로 깨닫지 못한 그는 도리어 주위 사람들을 탓했고 부모를 원망하고 스승을 책망했다. 그는 생각하기를, '조상의 영혼이 도와주지 않아서 나로 하여금 이같이 불행하게 하니, 부처님을 섬겨 그 복을 얻는 것이 좋겠다.'며, 부처님 계신 곳에 찾아가 인사하고 아뢰었다.

"불도(佛道)는 넓고 커서 용납하지 않는 것이 없다고 들었습니다. 원컨대 제자가 되고자 하오니 허락해 주소서."

부처님께서 이르셨다.

"불도를 구하고자 하는 사람은 청정한 행위를 해야 하는데, 네가 세속의 더러움을 진 채 내 가르침을 받은들 무슨 이익이 있겠느냐? 어서 집에 돌아가 효로써 부모를 섬기고, 스승의 가르침을 잘 배우고 익힐 것이며, 가업에도 부지런히 힘써서 부유해 걱정이 없도록 하라. 그리고 예의로써 자신을 단속하여 옳지 않은 일을 범하지 말며, 몸과 옷을 깨끗이 하고 언행을 조심해야 할 것이다. 그리하여 정신을 차려서 책무를 다하기 위해 노력한다면 남의 칭송을 듣게 될 것이다. 그래야만 불도를 배울 수 있느니라."

그는 부처님의 말을 듣고, 자기의 교만과 어리석음을 깨우치고는 부처님의 가르침을 받들어 기뻐하며 돌아갔다.

그리하여 부처님이 설하신 계의 도리를 생각하고 뉘우쳐 자기 행동을 고쳐갔다. 또, 가업에 힘썼으며 계를 받들어 스스로 수양하며 예(禮)가 아니면 행하지 않았다. 그러자 친척들은 그를 효자라 일컫고 마을 사람들은 공손하다 일컬어 착한 소문이 널리 퍼져 온 나라가 다 그를 어질다고 칭송하게 되었다.

이는 <법구비유경>에 있는 이야기입니다. 비윤리적인 삶을 살다가 훗날에 후회하는 어리석음을 범하지 말아야 한다는 것을 일깨워 주고 있습니다.

그러나 사람은 누구나 자기도 모르게 몸(身)과 말(口)과 생각(意)으로 윤리에 어긋나는 행위를 할 수 있습니다. 불가(佛家)에서는 걸음을 걷다가 눈에 보이지 않는 미생물을 죽이거나 고통을 주는 것 뿐 아니라 나쁜 욕설을 하는 것은 물론, 화를 내는 것조차도 죄를 짓는 행위로 봅니다. 그러므로 사람은 알게 모르게 죄를 지을 수 있습니다. 따라서 자기반성, 즉 참회(懺悔)를 해야 합니다.

<채화원왕경>에서 "몸(身)으로 지은 악업을 스스로 참회하고 방종에 흐르지 않으면 지혜가 생겨 죄를 제거해 없앤다. 입(口)으로 지은 악

불국사 청운교 및 백운교(국보 제23호)

업을 스스로 참회하고 악한 말 하지 않으면 지혜가 생겨 죄를 제거해 없앤다. 생각(意)으로 지은 악업을 스스로 참회하고 마음이 항상 청정하면 지혜가 생겨 죄를 제거해 없앤다."라고 설하고 있습니다.

또, <사십이장경>에서 "아무리 사소한 허물일지라도 스스로 뉘우치지 않고 그대로 지나치게 되면 냇물이 바다로 들어가 점점 깊고 넓게 되듯이 죄가 무겁게 쌓일 것이다. 그러나 허물이 있을 때 스스로 그릇된 줄 알고 악을 고쳐 선을 행하면 죄가 저절로 없어질 것이니, 병자가 땀을 내고 차차 회복되어 가는 것과 같다."라고 설하고 있습니다.

특히, 불교에서는 과거와 현재에 이미 지은 죄 뿐 아니라 아직 짓지 않은 죄까지도 짓지 않도록 참회해야 한다고 가르치고 있습니다. <법구경>에서 "이미 저질렀거나 아직 저지르지 않았거나를 막론하고 자신의 잘못은 반드시 되돌아보라."라고 하였고, 이에 원효(元曉 617~686)대사는 ≪대승육정참회≫에서 "과거와 현재 지은 바 죄업을 부처님의 자비에 의지하여 지성껏 참회하되, 이미 지은 죄는 깊이 뉘우치고 아직 짓지 않은 죄는 앞으로도 짓지 않을 것을 맹세해야 한다."라고 한 것입니다.

따라서 불교에서의 참회는 단순히 과거와 현재의 죄에 대해 뉘우치는 것 뿐 아니라, 앞으로 지을 수 있는 죄를 미리 '알아차림'하고 짓지 않는 것까지도 포함하는 의미심장한 수행(실천) 덕목인 것입니다. 화가 나려고 하면 즉시 알아차려서 화나지 않도록 미리 감정을 조절하고 뉘우치는 것도 참회입니다.

원래 참회의 '참(懺)'은 산스크리트어 크샤마(Ksama)의 음역인 참마(懺摩)를 참으로 줄인 것이며 '회(悔)'는 그 의역으로서 이는 '용서를 빈다', '뉘우친다'라는 뜻을 가진 말입니다.

불가(佛家)에서의 참회는 자신이 지은 죄를 뉘우치는 것뿐 아니라 다른 사람이 지은 죄까지도 대신 뉘우치는 것을 의미하기도 합니다. 이에, <보적경>에 "보살은 시방세계 중생들이 온갖 즐거움을 누리는 것을 보면 일체 중생이 모든 것을 아는 지혜의 기쁨을 누리기를 원한다. 만약 고통 받는 것을 보면 중생들을 위해 모든 죄를 참회하고 중생들의 고통을 모두 내가 대신 받아 그들로 하여금 기쁨을 받도록 원한다. 이와 같은 인연으로 마침내는 온갖 고통에서 벗어나 즐거움(행복)만을 누리기를 원한다. 이것이 수행자가 쓰는 방편(方便)이다."라고 한 것입니다.

요컨대, 불교에서의 참회는 과거와 현재 그리고 미래의 삼세(三世)의 죄업 뿐 아니라, 다른 사람의 죄업까지도 뉘우치고 반성하는 수행입니다. 그리고 사람에 대한 죄업 뿐 아니라 살아있는 생물, 나아가 삼라만상의 모든 존재에 대한 죄업까지도 뉘우치고 반성하는 깊고 폭넓은 개념인 것입니다.

따라서 불교의 지계와 참회는 이기적(利己的)이라기보다는 이타적(利他的)인 성격이 강하고, 모든 존재를 윤리의 대상으로 삼는 자비정신에 따른 실천(수행) 덕목이라는 것을 이해할 수 있습니다.

◎ 윤리적 '인간관계'는 행복을 가져옵니다

지계(持戒), 즉 윤리적 생활은 다른 사람과의 돈독한 인간관계를 유지하는데 필수적입니다. 왜냐하면, 윤리적 생활은 인간관계를 돈독하게 할 수 있지만 비윤리적 생활은 인간관계를 깨뜨리기 때문입니다.

그러면 윤리를 기반으로 하는 화목하고 돈독한 인간관계가 행복에 어떤 영향을 미치는지 알아보도록 하겠습니다.

심리학자 엘른 버쉐이드는 이렇게 말했습니다. "행복과 관련된 문헌에서 찾아볼 수 있는 가장 확실한 내용은 행복한 사람은 덜 행복한 사람들보다 더 좋은 인간관계를 맺으며 살아간다는 점이다."

행복의 비밀을 풀기 위해 연구한 심리학자 마틴 셀리그만 교수와 에드 디너 교수는 '매우 행복한 사람'이라는 논문을 발표한 바 있습니다. 이 연구에서 두 교수는 222명의 사람들을 대상으로 그들의 행복 수준을 측정한 후, 그 점수에 근거해서 가장 행복하다고 스스로 보고한 상위 10%에 해당하는 사람들의 특성을 집중적으로 분석했습니다.

이들이 알아낸 사실 중에서 가장 흥미로운 점은, 행복한 사람은 타인과 좋은 관계를 맺고 있다는 것이었습니다. 최고로 행복한 사람들은 그렇지 않은 사람들에 비해 혼자 있는 시간이 적었고, 사람들을 만나고 관계를 유지하는데 많은 시간을 할애하고 있었습니다. 그들은 교제 범위가 넓고 사회생활을 더 잘하며, 그들은 친구들에게 인간관계가 가장 좋은 사람으로 인정받고 있었으며, 스스로도 그렇게 생각했습니다.

요컨대, 인간관계가 좋으면 행복하고, 행복한 사람이 인간관계가 좋다는 것입니다.

그런가 하면, 인간관계가 좋은 사람은 친구가 많아서 오래 산다는 연구 결과도 있습니다. 반대로 사람들 사이에서 제대로 배려 받지 못한다고 느끼는 외로운 사람들은 그렇지 않은 사람들보다 2배 이상의 사망률을 보였습니다. 이는 흡연에 의한 사망률보다도 높은 수치라고 합니다.

한편, 《행복의 추구, The Pursuit of Happiness》를 쓴 데이비드 마이어스 교수는 행복에 대한 연구를 요약하면서 "공평하고 친밀하며 돌봐주면서 평생을 함께하는 동반자관계보다 강력한 행복의 조건은 없다."라고 언급하면서, 모든 종류의 대인관계가 중요하지만 그중에서도 부부관계가 맨 위에 있다고 했습니다.

탈 벤 샤하르 교수는 "사랑하는 사람을 만나면 영원히 행복하게 살 수 있다는 잘못된 생각으로 사람들은 그 이후의 여행, 다시 말해 매일매일 관계를 만들어가는 데 소홀히 한다."라고 지적하고 있습니다. 따라서 그는 "서로 상대방을 알아가면서 친밀함을 키우고, 그 다음에는 서로 의미있고 즐거운 활동을 함께하면서 친밀함을 더욱 깊게 함으로써 불가피한 폭풍우를 견딜 수 있고, 사랑과 행복을 위한 비옥한 땅을 제공하고 꽃을 피울 수 있는 기초가 마련된다."라고 제안하고 있습니다.

한편, 소냐 류보머스키 교수는 《행복 증진 전략》에서 "사회적 관계가 우리의 건강과 웰빙(well-being)에 차지하는 중요성은 아무리 강조해도 지나치지 않다."라고 전제하면서 "행복한 사람은 가족, 친구, 가까운 사람들과 유달리 관계를 잘 맺는다. 행복한 사람일수록 친구와 동료의 층이 두텁고 로맨틱한 파트너가 있다. 행복한 사람일수록 충실하고 지속적인 결혼 생활을 이어갈 가능성이 높다. 행복할수록 자신의 가정생활, 사회생활에 만족해 한다."라고 했습니다.

특히, 류보머스키 교수는 "사회적 관계와 행복간의 인과관계는 분명히 쌍방향적이다. 로맨틱한 파트너와 친구를 가진다는 것이 사람을 행복하게 만들어 주며 또한 행복한 사람들은 애인과 친구를 얻을 가능성도 더 높다. 나와 동료들이 수많은 연구에 근거해서 제시하는 이와 같은 결론은 상당히 낙관적이다. 그 결론은 당신이 오늘부터 관계를 개선하고 심화시키면 긍정적인 감정이라는 선물을 얻게 될 것이라는 사실을 의미한다. 그러면 행복감이 증진된 덕분에 당신은 더 많이 더 좋은 관계를 맺게 되고 그럼으로써 더욱 행복해지는 선순환이 이루어진다."라고 언급하고 있습니다.

위의 연구 결과들로 미루어 볼 때, 부부나 가족 그리고 친구나 이웃 등 우리와 가까운 사람과의 관계가 돈독해야만 사회, 더 나아가 삼라만상의 일체 존재와의 관계까지도 돈독해 질 수 있으며, 그래야 더 넓고 더 깊은 행복을 다함께 누릴 수 있음을 알 수 있습니다.

그리고 관계의 특성은 쌍방향적이라는 것입니다. 따라서 계(戒)를 소중히 여기는 지계, 즉 윤리적 생활이 상호관계를 돈독히 하는데 기반이 되고, 나아가 우리 모두가 행복한 삶을 누리는 데 필수·충분 조건임을 알 수 있습니다.

6절. 참고 이겨냄(인욕)과 행복

인욕(忍辱, kṣāti)이란, 정신적·육체적 모욕이나 역경을 '참고 이겨냄'을 의미합니다. 나아가 화를 내거나 증오심을 갖지 않고 자비심으로 용서하는 것입니다.

삶에는 역경과 고난이 있기 마련입니다. 깨달음(최고 행복)을 추구하는 데에도 역시 역경과 고난이 있을 수 있습니다. 그 어떤 역경이나 고난을 참고 이겨내는 것이 바로 인욕(忍辱) 수행(실천)입니다.

<우바새계경>에서 "인욕은 곧 깨달음의 직접적 원인이요, 깨달음은 곧 인욕의 과보(果報)다."라며 인욕 수행(실천)의 중요성을 설하고 있습니다.

인욕을 수행(실천)함으로써 얻는 공덕에 대해 <법구경>에서 "참을성 있고 생각을 깊이 하고 힘써 노력하는 사람은 가장 높은 자유와 행복이 있는 깨달음을 얻는다." 또 <대방등대집경(이하 '대집경')>에서 "인욕은 세상에서 으뜸가는 것이니 행복에 이르는 길이다." 그리고 <나운인욕경>에서 "인욕은 몸이 편안하며

가정이 화목하여 항상 기쁨이 충만하다."라고 설하고 있습니다. 최근 싱가포르국립대학의 한 연구에서 '잘 참는 사람이 더 오래 산다'는 사실이 밝혀졌습니다.

인욕, 즉 참고 이겨내기 위해서는 먼저, 모욕이나 역경에 대해 자동적(무의식적)으로 반응하지 말고 자각적(의식적)으로 인욕하며 자제해야 합니다.

이에, <사십이장경>에서 "마음속에 있는 생각을 행동으로 표현할 때는 언제나 자동적 반응이 따른다. 누구에게 욕을 먹으면 욕으로 대꾸하고 보복하고 싶어지지만, 이렇게 자제하지 못하는 자동적 반응을 막아야 한다. 이것은 바람을 향해 침을 뱉는 것과 같은 것이어서 자신을 해칠 뿐이다. 또 바람을 향해 먼지를 내던지는 꼴이어서 그 먼지를 제가 뒤집어쓴다. 복수심에 불타는 자는 항상 불행이 따라다닌다."라고 설하고 있는 것입니다.

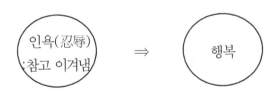

불교경전에서 설하고 있는 구체적인 인욕 수행(실천) 방법 중에서 몇 가지를 언급하면 다음과 같습니다.

① 불시에 역경과 고난을 당하면 마음을 평온하게 하고 어떤 어려움도 극복해야 한다. -<화엄경>

② 고통을 겪을 때라도 결코 비탄에 빠져서는 안 된다. 마음을 안정시켜라. 당황해서는 안 된다. 후회하지도 말아라. -<숫타니파타(경집)>

③ 학대와 모욕을 당해도 참을 줄 알아야 한다. 그것이 번뇌를 없애는 길이다. -<빨리 중부>

④ 욕된 것을 참아 성냄을 이기고, 착함으로 악을 이겨라. 남에게 베풀어 인색을 이기고, 지극한 정성으로 거짓을 이겨라. -<법구경>

⑤ 남이 나를 괴롭힐지라도 그것을 참으면서 누가 나를 괴롭힌다는 생각 없이 인욕 수행을 하라. 괴롭힘에 따라 움직이는 마음은 본래 없는 것이다. -<대품반야경>

인욕과 관련해서 중요한 것은 스스로 역경이나 고난에 무의식적으로 휘둘리지 말아야 한다는 점입니다. 중생의 삶은 육체적·정신적으로 역경과 고난이 있기 마련입니다. 그 어떤 역경이나 고난에 대해서도 자동적으로 반응하면서 휘둘리지 말아야 합니다. 그러기 위해서는 역경이나 고난을 겪을 때 상황을 알아차리고, 그 상황을 부정 일변도로 받아들이지 않고 '긍정적인 의미'를 찾으면서 성장 내지 번영의 기회로 받아들이는 것이 인욕의 현명한 방법입니다.

회복탄력성이라는 말이 있습니다. 회복탄력성(Resilience)은 '원래의 세사리로 되돌아오는 힘'을 일긷는 말로 회복력 혹은 높이 되튀어 오르는 탄력성을 뜻합니다. 특히, 심리학에서는 '역경이나 고난 등을 이겨내는 긍정적인 힘'을 의미하는 말로 쓰입니다. 최근의 연구 결과들에 의하면, 많은 사람들이 다양한 역경과 고난을 겪는 동안 인격적인 성장을 이룬다고 합니다.

물체마다 탄력성이 다르듯이 사람에 따라 탄력성이 다릅니다. 역경으로 인해 밑바닥까지 떨어졌다가도 강한 회복탄력성으로 되튀어 오르는 사람들은 대부분의 경우 원래 있었던 위치보다 더 높은 곳까지 올라갑니다. 역경과 고난에 대해 어떤 의미를 부여하느냐에 따라 불행해지기도 하고 행복해지기도 합니다.

소냐 류보머스키 교수는 사람들이 정신적 외상(트라우마)과 같은 중요한 도전(역경, 고난)에 직면해서 선택할 수 있는 세 가지 길 즉, '생존', '회복', '번영'의 현상을 보여주는 그래프를 제시하고 있습니다.

'생존'의 길은 정신적 외상을 겪은 후에 그저 생존할 뿐인 사람, 즉 역경과 고난에서 헤어나지 못하고 의기소침해서 삶을 즐길 수 있는 동기를 상실한 사람들입니다.

'회복'의 길은 정신적 외상의 여파 속에서 고통을 이겨내

면서 생산적으로 일하거나 만족스러운 관계를 갖는 등 결국
은 정신적 외상 전의 본래 상태로 되돌아오는 사람들입니다.

중요한 도전에 직면해서 선택할 수 있는 3가지 현상

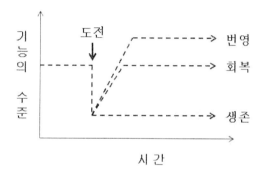

'번영'의 길은 정신적 외상의 여파 속에서 역시 고통을 겪
지만 본연의 상태로 되돌아오는데 그치지 않고 궁극적으로
그 이상으로 올라서는 사람들입니다.

연구자들은 불치병, 자연 재해로 인한 주거지 상실, 이혼,
포로 상태, 성폭력, 미숙아 출산과 같이 다양한 정신적 외상
에 직면했던 사람들의 반응을 연구했습니다. 그런 정신적 외
상을 견뎌낸 사람들이 보고한 공통적인 변모 체험은 다음과
같습니다.

- 견디고 이겨낼 수 있는 자신의 능력을 새로이 믿게 되었다.
- 관계가 개선되었다. 특히 누가 진정한 친구이며 누구에게 진정으로 의지할 수 있을지 알게 되었다.
- 유대감을 보다 편안하게 느끼게 되었으며 고통 받는 사람들에 대한 이해심이 깊어졌다.
- 보다 깊고 세련되고 만족스러운 인생철학을 가지게 되었다.

역경이나 고난에 대해 어떤 의미를 부여하는지, 그 해석 방식이 현재의 행복감과 미래의 결과에 큰 영향을 미친다는 사실을 입증하는 실험 결과들이 계속 쏟아지고 있습니다. 긍정적으로 해석하는 사람들은 역경이나 고난이 찾아와도 이를 지엽적이고 일시적인 문제로 바라봅니다. 반면에 부정적으로 해석하는 사람들은 닥쳐온 역경이나 고난을 광범위하고 장기적인 사태로 해석합니다.

이를테면, '지금까지 최악의 상황이었어, 아마 이대로 계속 갈꺼야'라고 받아들입니다. 이러한 해석 방식은 행동에도 직접적인 영향을 줍니다. 부정적인 해석 방식을 고수하는 사람은 계속 무력해지는 모습을 보이는 반면, 긍정적인 해석 방식을 지키는 사람은 끊임없이 새로운 것에 도전하려고 합니다. 즉, 역경이나 고난은 각자의 해석 방식에 의해 그 결과가 좌우됩니다.

실제로 미국의 사관생도들을 대상으로 실시했던 실험은 긍정적인 해석 방식을 지닌 신입생들의 평균 성적은 더 높고, 중퇴율은 훨씬 낮다는 사실을 보여주었습니다.

또, 대학 수영 선수들부터 프로야구 선수들까지 다양한 스포츠선수들을 상대로 실시했던 연구 역시 해석 방식이 장기적인 차원에서 성적에 지대한 영향을 미친다는 사실을 입증했습니다. 그 밖에도 관상동맥 우회술을 받는 환자들의 회복 속도에까지 해석 방식이 큰 영향을 끼친다는 걸 보여주는 사례도 있습니다.

우리는 정신적·육체적 모욕이나 역경에 부닥쳤을 때 '인욕 정신'을 발휘하여 긍정적 해석 방식을 선택함으로써 '생존', '회복'이 아니라 '번영'의 길을 가야하겠습니다.

◎ 인욕정신에 의한 '용서'는 행복을 가져옵니다

인욕의 적극적인 실천은 '용서'입니다. 또한, 용서는 앞에서 언급한 증오심을 없애는 가장 효과적인 방법이기도 합니다. 이에, 용서에 대해서 살펴보기로 합니다.

옛날 어떤 사람이 남을 미워하여 늘 시름에 잠겨있었다. 한 사람이 그에게 물었다.

"너는 왜 늘 근심에 잠겨있는가?"

그는 대답하였다.

"어떤 사람이 나를 몹시 헐뜯으며 고난을 주는데 힘으로는 그에게 보복할 수 없다. 어떻게 하면 보복할 수 있을지 그 방법을 모르겠다. 그래서 근심하는 것이다."

그 사람은 말하였다.

"남을 해치는 주문(呪文)이라면 그를 해칠 수 있다. 그러나 다만 한 가지 걱정이 있다. 만일 그를 해치지 못하게 된다면 도리어 자기를 해치게 되는 것이다."

그는 이 말을 듣고 매우 기뻐하면서 말하였다.

"내게 가르쳐 주기만 하시오. 비록 나 자신을 해치는 일이 있더라도 반드시 그를 해치고야 말 것입니다."

세상 사람들도 그와 같다.

남을 해치기 위해 주문을 구하지만 끝내 해치지 못한다. 그것은 먼저 남을 미워하였기 때문에 도리어 자기를 해쳐, 지옥이나 아귀나 축생에 떨어지리니 저 어리석은 사람과 다를 것이 없다.

이는 <백유경>에 있는 이야기입니다. 앞에서 우리는 인욕에 대해 살펴보았습니다. 중요한 것은 불교에서의 인욕 수행(실천)은 '참다'라는 의미 뿐 아니라 '용서하다'라는 의미를 포함하고 있다는 점입니다. <문수사리소설부사의불경계경>에서 "인욕 수행은 부드럽고 평화롭고 너그럽게 용서함으로써 스스로를 보호하고 남을 보호하고 깨달음에 회향하는 것이다." 라고 설하고 있습니다.

또, <열반경>에서 "부처님의 가르침을 믿는 사람은 뛰어난 지혜와 자비심으로 온갖 것을 용서해야 한다."라고 하였고, <법구경>에서 증오(憎惡)를 증오로 갚을 때 증오는 결코 사라지지 않는다. 증오는 자비에 의해서만 사라진다. 이것은 영원한 진리이다." 그리고 "미워하지 않고 용서하는 삶은 더없이 행복하다."라고 설한 것입니다.

요컨대, 인욕 수행(실천)은 참고 이겨내는 것에서 그치는 것이 아니라 자비심을 바탕으로 용서하는 것입니다.

부처님은 "분노에 집착하는 것은 누군가에 던지기 위해 뜨거운 숯을 움켜쥐고 있는 것이나 마찬가지다. 불에 데는 것은 바로 너 자신이다."라고 말했다. 경험적인 연구들이 이러한 통찰을 확인해준다. 용서하는 사람은 증오하거나 우울하고 적대적이며 불안하고 분노하며 신경질적인 증상을 보이게 될 가능성이 낮아진다. 그런 사람들은 더 행복하고 건강하고 상냥하고 평온하게 지낼 가능성이 높다. 다른 사람들과 더 잘 공감하고 영적이거나 종교적으로 깊어진다. 관계에서 받은 상처를 용서하는 사람은 친밀함을 다시 회복할 수 있는 능력이 커진다. 용서하는 능력이 없으면 끈질기게 되풀이해서 생각하고 복수에 집착하는 반면에 용서를 하면 앞으로 나아갈 수 있다.

이는 소냐 류보머스키 교수가 《행복 증진 전략》에서 언급한 내용입니다. 용서는 행복과 건강을 가져오지만 증오는 불행과 건강 악화를 가져온다는 것입니다.

위스콘신대학 심리학 로버트 엔라이트 교수는 "용서하는 사람은 기쁨을 느끼고 근심과 우울함이 줄어들며, 정서적으로 좋은 일이 생긴다."라며, 용서가 행복을 가져온다는 점을 역설하고 있습니다.

당간지주(강릉 굴산사지, 보물 제86호)

긍정심리학의 창시자이며 펜실베니아대학 심리학 마틴 셀리그만 교수는 《플로리시 Flourish》에서 "용서는 분노와 비통을 가라앉히고 긍정적 정서로까지 바꿀 수 있는 강력한 도구이다."라고 주장하면서 이렇게 기술하고 있습니다.

용서하는 사람은 자신에게 잘못한 사람을 용서하고 항상 잘못을 만회할 기회를 준다. 가련하고 불쌍히 여겨 복수심을

버리는 것이다. 용서는 누군가에게 정신적으로나 신체적으로
상처를 입은 개인의 내면에서 일어나는 유익한 변화가 표출
되는 것이다. 용서하면 가해자에 대한 기본적인 동기나 행동
이 대체로 훨씬 긍정적으로 바뀐다. 따라서 앙심을 품거나
가해자와 마주치는 일을 애써 피하지 않고 너그러운 마음으
로 친절하게 대하는 경우가 많다.

특히, 소냐 류보머스키 교수는 '왜 용서를 해야 하는가'에 대
해 이렇게 언급하고 있습니다.

우리가 품고 있는 적개심과 원한과 선입견은 장기적으로
볼 때 정서적으로나 신체적으로 해롭기만 할 뿐이다. 나아가
용서를 공동체와 사회라는 보다 큰 맥락에서 바라볼 수도 있
다. 그렇게 하면, 용서는 자기 혼자만 상처를 받은 것이 아니
라는 생각을 함으로써 인류애의 감정을 심화시켜준다. 또, 우
리의 사적인 관계는 물론이고 보다 폭넓은 관계를 강화시켜
줄 수 있다. 실제로 여러 연구는 당신이 용서해준 누군가를
기억하는 것만으로도 당신이 '우리'라는 사고방식에 자연스럽
게 동화되며, 다른 사람과 더 가깝게 느끼고 그들을 도와주
고 싶다는 마음이 든다는 사실을 보여준다.

한편, 테네시대학 심리학 캐서린 로울러 교수는 "용서를 잘 하

는 사람일수록 우울증과 스트레스가 적게 나타나고 긍정적이고 행복함을 더 느끼는 것을 확인할 수 있었다."라고 하였습니다 즉, 용서는 우울증이나 스트레스에 대처하는 현명한 방법이라는 것입니다.

한 어리석은 사람이 있어 부처님이 자비(慈悲)롭다는 말을 듣고 부처님을 시험코자 마구 욕설을 퍼부었다. 부처님께서 아무 말도 하지 않으시고 다만 그 어리석음과 악행에 대해 민망히 여기셨다. 그 사람이 욕설을 그침으로 물으셨다.

"그대가 예로써 사람에게 물건을 주었을 때 그 사람이 받지 아니하면 어찌하겠는가?"

그가 "도로 가지고 가겠습니다." 라고 대답하자, 부처님께서 이렇게 타이르셨다.

"이제 그대가 악행으로써 나를 대하되 내 또한 받지 아니하면 그대 스스로 가지고 갈 터이니 그렇다면 도리어 그대 몸에 재앙이 될 것이 아닌가. 비유컨대 그림자가 형상을 따름과 같아서 마침내 벗어나지 못하는 것과 같으니 앞으로는 삼가 악행을 저지르지 말라." 그리고는 다음과 같이 게송을 읊으셨다.

악행을 증오로 대하면 거듭 악이 되는 것이다.
악행을 자비로 대하면 두 배의 공덕을 얻는다.
남이 짓는 악행을 보고 마음을 제어하는 이는

자기를 편안케 하고, 또한 남을 편안케 한다.

이는 <사십이장경>에 있는 이야기입니다. 우리가 역경과 고난 또는 스트레스를 받을 때 어떻게 대처하는 것이 현명한 것인지를 가르쳐주고 있습니다. 즉, 상대가 악행을 할 때는 참고 용서하며, 나아가 자비심으로 그의 잘못을 스스로 이해할 수 있도록 일깨워 줌으로써 다시는 악행을 짓지 않도록 하여 상대와 자신을 편안케 하라는 것입니다.

매사추세츠 의과대학 존 카밧진 교수는 "오늘날 우리는 고난으로 가득 찬 인생을 묘사할 때 흔히 '스트레스'라는 용어를 사용한다."라며, "그야말로 스트레스는 21세기에 들어 가장 많이 회자(膾炙)되는 고민거리가 되었다."라고 언급하고 있습니다. 그만큼 오늘날 사람들은 스트레스 속에서 힘든 생활을 하고 있습니다.

카밧진 교수는 《마음챙김 명상과 자기치유》에서 스트레스와 관련하여 '무의식적인 자동적 반응'을 탈피하고 '의식적인 자각적 대응'을 하는 것이 현명한 대처라고 주장하고 있습니다. 즉 외부 스트레스 유발자극에 대해 의식적으로 자각(自覺)하지 못한 채 자동적으로 튀어나오는 일상적인 '반응'을 탈피하고, 그 대신 의식적으로 자각하여 '대응'해야 한다는 것입니다.

무의식적인 자동적 반응은 내부 스트레스를 유발함으로써 심혈관계·골근육계·신경계·면역계에 나쁜 영향을 주고, 이로 인해 사상하부·뇌하수체에 나쁜 영향을 줌으로써 혈압상승·맥박상승을 가져오고, 이것이 만성화 되면 고혈압·부정맥·수면장애·만성두통·만성요통·불안 등을 일으키고, 결국에는 우울증·심장질환·암 등을 유발한다는 것입니다.

이에 대해 의식적인 자각적 대응은 생각·감정·지각화 된 위협에 대해 자각함으로써 비록 사상하부·뇌하수체·부신에 영향을 주더라도 이것 또한 자각함으로써 결국에는 정신적 평형과 마음의 균형을 가져옴으로써 스트레스를 와해시킬 수 있다는 것입니다. 중요한 것은 의식적인 자각적 대응 방법이 바로 불교명상, 특히 '알아차림'이라는 점입니다.

즉, 얼굴과 어깨가 긴장되고 심장이 뛰는 등 이상한 느낌이 느껴지는 그 순간에 몸이 어떻게 느끼는가를 자각하려고 노력하고, 또한 분노나 공포 혹은 상처받은 느낌이 일어나거나 혈압상승·맥박상승·통증이 날 때 역시 자각하려고 노력하라는 것입니다. 그런 것을 자각할 때 스스로에게 '이거야', '스트레스 상황이군', '이제 호흡에 초점을 맞추고 나의 중심을 잡을 시간이군'이라고 '알아차림'하며 그것들을 객관적으로 그저 바라보고, 스쳐가게 놓아버리고, 평온으로 돌아오라는 것입니다. 즉, 어떤 일이 일어나고 있는 동안에 실제로 무엇이 발생하고 있는가에 대해 '깨어있는 마음'을 갖는 것입니다.

카네기멜론대학 연구자들의 연구에 의하면, 시험공부 때문에 스트레스를 받고 있는 학생들에게 날마다 명상을 하게 했더니, 스트레스가 감소할 뿐 아니라, T세포와 B세포가 증가함으로써 감기나 유행성독감에 걸릴 확률이 현저히 낮아 졌다는 것입니다. 더구나 좀 더 자주, 좀 더 철저하게 명상을 할수록 그 효과는 더 커졌다는 것입니다.

인욕 수행(실천)의 적극적 행동인 용서는 우리 모두가 행복하고 건강해지는 비결입니다.

7절. 올바른 언어생활(정어)과 행복

정어(正語, samyag-vāc)란, 올바른 말이라는 뜻으로서 '올바른 언어생활'을 의미합니다. 구체적으로 거짓말(妄語), 악한 말(惡語), 이간질하는 말(兩舌), 꾸며대는 말(綺語)의 네 가지를 하지 않는 것입니다.

옛날 어떤 사람이 검은 말을 타고 전쟁터로 나아갔다. 그러나 적이 두려워 감히 싸우지 못하였다.

그래서 얼굴에 피를 바르고 거짓으로 죽은 것처럼 꾸며 죽은 사람들 속에 누워 있었다.

그가 탔던 말(馬)은 다른 사람이 가져갔다.

군사들이 모두 떠나자, 그도 흰 말꼬리를 베어 가지고 집으로 돌아왔다. 그가 집으로 돌아왔을 때 옆 사람이 그에게 물었다.

"네가 탔던 말은 지금 어디에 있기에 걸어오는가?"

그는 대답하였다.

"내 말은 전쟁터에서 죽었다. 그래서 그 꼬리를 가지고 왔다."

옆 사람이 말하였다.

"네 말은 본래 검은 말인데 왜 흰 꼬리인가?"

그는 잠자코 대답이 없었다. 그래서 사람들은 그를 비웃었다.

이는 <백유경>에 있는 이야기입니다. 다른 사람들이 다 잘 알고 있는 데도 불구하고 거짓말을 하는 것입니다.

<중아함경>에서 "올바른 언어(正語)란 거짓말(妄語)·악한 말(惡口)·이간질하는 말(兩舌)·꾸며대는 말(綺語)을 떠난 도리에 맞는 참된 말이다."라고 설하고 있습니다.

<빨리 장부>에서는 "거짓말을 하지 않고 진실한 말을 하며, 악한 말을 하지 않고 정다운 말을 하며, 이간질하는 말을 하지 않고 화합하는 말을 하며, 꾸며대는 말을 하지 않고 정직한 말을 하라."라며 구체적으로 언급하고 있습니다. 즉, 올바른 견해(正見)나 올바른 마음가짐(正思)에 입각해서 올바른 언어생활을 하라는 것입니다.

정어, 즉 올바른 언어생활이 중요한 것은 일상생활에서 의사를 표현할 때 언어에 의한 경우가 거의 대부분을 차지하고 있기 때문입니다. 뿐만 아니라 우리가 사용하는 언어나 말하는 자세는 상대방의 정서에도 크게 영향을 줍니다. 말 한마디가 상대에게 기분을 좋게 하는가 하면 기분을 상하게도 합니다. 상대방에게

힘을 줄 수도 하지만 뼈아픈 상처를 줄 수도 있습니다. 그런가 하면, 말 한마디가 어려운 일이나 불가능하던 일을 잘 풀리게 할 수도 있습니다. 그러므로 우리나라에 '말 한마디에 천 냥 빚도 갚는다.'라는 속담이 있는 것입니다.

<빨리 중부>에서 적합한 말과 부적한 말에 대해 다음과 같이 설하고 있습니다.

첫째는 어떤 '경우'에 적합한 말과 부적합한 말이고,
둘째는 어떤 '사실'에 적합한 말과 부적합한 말이고,
셋째는 유쾌하게 들리는 말과 불쾌하게 들리는 말이고,
넷째는 유익한 말과 해로운 말이고,
다섯째는 인정어린 말과 증오에 찬 말이다.

올바른 언어와 관련해서 <무량수경>에서 "항상 부드러운 말과 화평한 얼굴로 대해야 한다." 또 <아미타경>에서 "거친 말을 멀리함으로써 자신을 해치고 남을 해쳐서 피차 함께 해 입는 일을 면하도록 하고, 좋은 말을 익힘으로써 자신을 이롭게 하고 남을 이롭게 해서 자신과 남이 널리 이롭도록 해야 한다."

그리고 <잡아함경>에서 "말함으로써 악한 일이 더 하고 선한 일이 없어진다면 본 것이라도 말해서는 안 된다. 반대로 말함으로써 악한 일이 없어지고 선한 일이 더해간다면 그것은 말을 해야 한다. 들은 것, 생각한 것, 아는 것도 이와 같이 말함으로써 악한 일이 더하고 선한일이 줄어들면 그것은 말해서는 안 되며, 말함으로써 악한 일이 줄어들고 선한 일이 더해간다면 그것은 말해야 되는 것이다."라고 설하고 있습니다.

한편, 올바른 언어생활과 관련하여 '말하는 요령'에 대해 이렇게 설하고 있습니다.

· 사물에 통달한 사람이 평안한 경지에 이르러 해야 할 일은 다음과 같다. 유능하고 정직하고 말씨는 상냥하고 부드러우며 잘난 체 하지 말아야 한다. -<숫타니파타(경집)>

· 우리가 입으로 하는 말은 항상 그 말을 들을 사람과 그 말에 끼칠 선악간의 영향을 조심스럽게 생각하면서 가려서 해야 한다. -<빨리 중부>

특히, <빨리 증지부>에서는 '다른 사람에게 충고할 때 유념해야 할 사항'을 다음과 같이 설하고 있습니다.

첫째, 충고할 만한 때를 가려서 말하고, 알맞지 않을 때에
는 말하지 않는다.
둘째, 진심에서 충고하고 거짓되게 하지 않는다.
셋째, 부드러운 말씨로 이야기하고 무의미한 일에는 말하
지 않는다.
넷째, 인자한 마음으로 이야기하고 성난 마음으로는 말하
지 않는다.

올바른 언어생활의 공덕에 대해 <화엄경>에서 "말로써 선행을
행하면 반드시 깨달음의 길로 들어선다." 또 <법구경>에서 "마음
으로 늘 선을 생각하여, 그대로 말하고 그대로 행한다면 즐거움이
스스로 따르기를 그림자가 형태를 따르는 것 같다."라고 설하고 있
습니다.

이와는 반대로 올바르지 못한 언어생활의 과보에 대해 <법구
경>에서 "바퀴가 수레 끄는 황소를 따라다니듯이, 고통은 불순한
마음으로 말하고 행동하는 사람을 따라다닌다." 또한 같은 <법구
경>에서 "남에게 악한 말을 하지 말라. 남도 그렇게 네게 대응할
것이다. 악이 가면 화는 돌아오게 되어있다. 욕설이 가고 오고, 주
먹이 오고 간다."라고 설하고 있습니다.

감사란, '고맙게 여기는 마음'입니다. 그리고 감사를 표현하는 수단으로는 말이나 편지(메일, 문자) 또는 표정(바디랭귀지) 등이 있습니다. 그 중에서 일상적인 것은 말로 표현하는 것입니다. 진실한 말, 정다운 말, 화합하는 말, 정직한 말을 생활화할 뿐 아니라, 나아가 매사에 정어(正語) 수행(실천)정신으로 '감사'를 표현하는 아름다운 언어습관을 가져야 하겠습니다. 올바른 언어생활이 깨달음, 즉 최고 행복으로 가는 길입니다. 따라서 정어 수행(실천)정신에 의한 '감사' 표현은 당연히 행복을 증진시킵니다.

◎ '감사'를 표현하면 행복해집니다

옛날에 한 앵무새가 다른 산에 날아가 머문 적이 있었다. 그런데 그 산속에 사는 온갖 새와 짐승들은 이 앵무새를 몹시 사랑하여 조금도 해치지 않았다.

뒤에 앵무새는 자기가 살던 산으로 돌아왔다. 몇 달 후 어느 날 그 산에 불이 나서 온통 타고 있었다. 멀리서 이를 바라본 앵무새는 전에 그 산에서 살면서 받는 은혜를 갚기 위해 물에 들어가 날개에 물을 묻혀서 공중에 날아올라 날개털에 묻은 물을 가지고 그 큰 불을 끄고자 수없이 그 산을 왕래했다.

이 앵무새의 감사하는 마음과 희생정신을 알아본 천신(天神,

불교의 수호신)이 말했다.

"한심하고나! 앵무새야, 너는 왜 그리도 어리석단 말이냐? 천리(千里)의 불을 어떻게 두 날개에 묻은 물로 끌 수 있다는 것이냐?"

앵무새가 대답했다.

"저도 불을 끌 수 없다는 것을 알고 있습니다. 그러나 예전에 이 산중에 와서 얼마 동안 지낼 때, 온갖 새와 짐승들이 다 어질고 착해서 형제처럼 대해 주었습니다. 제가 어떻게 가만히 않아서 보고만 있겠습니까? 감사하는 마음과 희생정신으로 모든 정성을 다하면 못할 일이 없습니다. 저는 이 일을 죽을 때까지 계속하다가 내세(來世)에 가서도 할 것입니다."

천신도 그 은혜에 감사코자 하는 지극정성에 감동하지 않을 수 없었다. 그래서 비(雨)를 내려 불을 꺼주었다.

이는 <잡보장경>에 있는 이야기로, 은혜에 대해 지극정성으로 감사할 줄 알아야 한다는 것을 일깨워주고 있습니다.

<빨리 중부>에서 "악한 사람은 제게 친절을 베푼 이에게 결코 감사하지 않으나, 착한 사람은 감사하고 기뻐하며 친절로 보답하되 은인에게 뿐만 아니라 모든 사람에게 보답한다."라며, 매사에 감사할 줄 알아야 한다고 설하고 있습니다.

마틴 셀리그먼 교수는 《플로러시》에서 감사에 대해

서 다음과 같이 기술하고 있습니다.

고마움을 아는 사람은 자신에게 일어난 일을 늘 기쁘게 생각하며, 절대 당연한 것으로 받아들이지 않는다. 그래서 항상 고마움을 전할 시간을 마련한다. 감사는 남달리 돋보이는 어떤 사람의 도덕적 품성을 감상하는 것이다. 감사는 하나의 정서로서 경이로움과 고마움을 느끼며 삶 자체를 감상하는 정신 상태다. 자신으로 말미암아 사람들이 행복하다면 그 또한 고마운 일이지만, 우리는 흔히 선행과 선한 사람들에게 더 깊이 감사한다.

감사해야 할 '대상'은 수없이 많습니다. 나를 낳아주신 부모님, 함께 생활하는 가족, 부처님 가르침을 받을 수 있게 한 불·법·승 삼보(三寶), 가르침을 주신 은사(恩師), 친척, 친지, 이웃 등등. 나아가 사회, 국가, 인류, 그리고 자연과 모든 존재들. 그들은 나의 삶에 직접적으로 또는 간접적으로 은혜와 도움을 주고 있습니다.

정림사지 오층석탑(국보 제9호)

감사해야 할 '내용'도 수없이 많습니다. 서울의 한 지하철 회사에서 지하철을 이용하면서 감사했던 사연을 공모한 적이 있습니다. 앉아서 가니 편해서 감사하고, 서서 가니 바깥 풍경을 바라볼 수 있어서 감사하고, 자리를 양보하니 마음이 편해서 감사하고, 독서를 할 수 있어서 감사하고, 안내 방송을 들으니 내릴 정거장에서 내릴 수 있어서 감사하고, 뜨개질을 할 수 있어서 감사하고, 여러 사람들과 함께 가니 사는 기분을 느껴서 감사하고, 피곤할 때 잠시 잠을 잘 수 있어서 감사하고, 다리가 아플 때 잠시 앉아서 쉴 수 있어서 감사하고, 서있을 때 까치발을 하며 운동을 할 수 있어서 감사하고 등등 책이 한권 되더라는 것입니다.

감사해야 할 '시간'도 따로 있는 것이 아니라 늘 할 수 있습니다. 봄에는 솟아나는 새 잎에 감사하고, 여름에는 커가는 잎에 감사하고, 가을에는 단풍드는 잎에 감사하고, 겨울에는 떨어지는 잎에 감사하는 것입니다. 좋은 일이 있을 때에는 좋아서 감사하고, 힘든 일이 있을 대에는 극복하면서 감사합니다. 내가 지금 숨을 쉬고 있다는 것 자체가 감사할 일입니다. 감사하면 감사할 일이 또 생깁니다. 늘 감사한 마음을 갖고 감사를 표현하면 기분도 좋아지고 건강에도 좋습니다. 물론 행복감도 높아집니다. 자신과 사회가 힐링(healing)됩니다. 모두가 행복해집니다.

가정에서나 직장에서나 사회에서나 항상 감사하게 생각하면 감사할 일이 계속해서 생깁니다. 늘 감사한 마음을 갖고 감사를 표현하면 기분도 좋아지고 건강에도 좋습니다. 물론 행복감도 높아집니다.

옛날에 한 어미 사슴이 두 마리의 새끼를 낳아 길렀다. 하루는 먹이를 찾다가 그만 사냥꾼의 덫에 걸렸다. 사냥꾼이 어미 사슴을 보자 기뻐하며 바로 다가가 죽이려고 하였다. 이에 어미 사슴은 머리를 숙이고 애걸하며 말했다.

"저는 두 마리의 새끼를 낳았는데, 아직 어려서 동쪽 서쪽도 분간 못합니다. 잠시만 풀어 주시면 돌아가 새끼들을 데리고 다니면서 물과 풀을 보여주며 스스로 살아갈 수 있게 하고, 돌아와서 죽겠습니다. 은혜와 서약은 절대로 어기지 않겠습니다."

"내가 풀어주면 네가 죽음으로부터 벗어날 수 있을 것인데 어찌 돌아올 것을 내가 믿을 수 있겠느냐?" 라며 사냥꾼이 대꾸하자, 사슴이 다시 애원하며 말했다.

"제 청을 들어 주시면 새끼들은 살지만, 못하게 하신다면 새끼들마저 죽습니다."

사냥꾼은 어미 사슴의 애절한 말을 듣고 탄복하여 덫을 풀어 주었다.

이에 사슴은 새끼들에게 돌아가서 좋은 물과 풀을 보여 주며 스스로 살아가도록 가르쳤다. 그리고는 눈물을 흘리며 새끼들에게 이별을 고하고 떠나오자 새끼들이 울부짖으며 뒤따라왔다.

　이미 사슴은 덫이 있는 곳까지 와서 이리저리 찾다가 사냥꾼이 나무 아래 누워 자는 것을 보았다.

　잠시 후 사냥꾼이 잠에서 깨어나자, 어미 사슴이 돈독한 신의로 서약을 지키는 것에 감응하여 어미 사슴을 놓아주며 새끼들과 함께 떠나가게 했다.

　이는 <녹자경>에 나오는 이야기입니다. 그 때의 어미 사슴은 바로 전생의 부처님이었습니다. 은혜와 서약을 위해 목숨까지도 마다하는 어미 사슴의 행동은 우리에게 깊은 감동을 주고 있습니다. <잡아함경>에서 "역경과 순경에 끌려 다니지 말라. 그리고 만물에 끝없는 축복을 주라."라고 설하고 있습니다.

　마틴 셀리그만 교수는 《플로리시》에서, 감사의 이익에 대해 "감사는 당신의 인생을 더욱 행복하고 더욱 만족스럽게 해준다. 감사함을 느낄 때 인생의 긍정적 사건에 관한 즐거운 기억으로부터 혜택을 얻는다. 또한, 타인에게 감사를 표현할 때 그 사람과의 관계가 강화된다."라고 언급하고 있습니다.

　소냐 류보머스키 교수는 "끊임없이 감사하는 사람들은 상대적으로 더 행복하고 활기차며 희망적이고 긍정적인 감정을 더 자주 경험한다는 사실이 밝혀지고 있다."라며, 늘 감사하는 마음을 가질 것을 충고하고 있습니다. 그녀는 "감사는 자신의 여건이 얼마나 다행스러운지, 사실 지금보다 얼마나 더 나쁠 수도 있었는지 깨달음으로써 감사한 마음을 느낄 수 있다. 현재의 당신 삶 속에서 일어나는 모든 좋은 것들을 기억함으로써 감사를 느끼려고 노력할 수도 있다. 감사의 실천은 현재의 순간에 집중하고 오늘 주어진 삶을 그대로 인정하며 어떻게 해서 그러한 삶에 이르게 되었는지 통찰하는 것을 모두 포함한다."라며 감사의 범위를 폭넓게 가질 것을 강조하고 있습니다.

감사에 관한 한 세계적으로 저명한 캘리포니아 데이비스대학 심리학 로버트 에몬스 교수는 감사란 '삶을 향해 일어나는 경이, 고마움, 이해의 느낌'이라고 정의하고 있습니다. 에몬스 교수는 그의 동료와 함께 다음과 같은 실험을 했습니다.

참가자들 중 한 집단에게 10주 연속해서 일주일에 한 번씩 자신들이 감사하게 생각하는 것, 즉 자신이 받은 다섯 가지 축복을 적어보라고 지시했다. 또 다른 참가자들에게는 감사에 집중하는 대신 매주 자신들에게 일어났던 다섯 가지 주요 골칫거리나 사건들을 생각해보라고 지시했다. 연구 결과는 놀라웠다. 후자 집단과 비교했을 때 감사를 표현하도록 한 참가자들은 삶에 대해 더 낙관적으로 느끼며 만족하는 경향을 보였다. 심지어 건강도 좋아졌다. 그들은 두통, 여드름, 기침 또는 메스꺼움과 같은 신체적인 증상들이 줄어들었으며 운동도 더 많이 하면서 지냈다.

또 다른 연구에서는 만성 질환을 앓고 있는 학생과 성인들에게 축복을 헤아리는 전략을 시도해 보았는데 비슷한 결과를 얻었다. 참가자들이 감사를 표현하려고 노력했던 날에는 흥미, 흥분, 기쁨, 자부심과 같은 긍정적인 감정들을 더 많이 느꼈으며, 다른 사람들을 돕거나 사람들과 유대감을 느끼고 숙면을 취할 가능성도 더 높았다.

이에, 에몬스 교수는 매일 적어도 5가지씩 감사하는 일을 찾아 '감사 일기'를 쓸 것을 권하고 있습니다.

감사는 모든 현상에 대한 경이(驚異)이며 이해입니다. 모든 존재의 '현재'를 음미하고 그것에 감사하는 것입니다. 봄에는 씨를 뿌리며 감사하고, 여름에는 김을 매며 감사하고, 가을에는 수확을 하며 감사하고, 겨울에는 봄을 준비하며 감사하는 것입니다.

심리학자 리처드 스티븐스는 감사를 표현하는 방법에 대해 이렇게 충고하고 있습니다.

"누군가가 당신에게 베풀어준 친절을 정말 고맙게 여긴다면 반드시 고맙다고 얘기해야 한다. 아주 작은 일부터 시작하라. 당신이 달려와서 탈 때까지 버스를 출발시키지 않은 운전사에게 고마움을 표현하는 것처럼 말이다. 당신의 삶에 특별한 도움을 준 사람들에게 고마움을 표시하는 것부터 시작할 수도 있다. 이런 행동으로 그들만 행복해지는 것이 아니다. 당신도 반드시 행복해질 것이다."

소냐 류보머스키 교수는 특히 감사가 행복을 어떻게 증진시키는지를 다음과 같이 언급하고 있습니다.

① 감사하게 생각하면 삶의 긍정적인 경험들을 더욱 음미할 수 있다.
② 감사를 표현하면 자기의 가치와 지존감이 강화된다.
③ 감사는 스트레스나 정신적 외상에 대처하는데 도움이 된다.
④ 감사의 표현은 도덕적인 행동을 촉진한다.
⑤ 감사는 사회적인 유대를 쌓고 기존의 관계를 강화하고 새로운 관계를 맺는데 도움이 된다.
⑥ 감사를 표현하면 다른 사람과의 비교를 억제하는 경향이 나타난다.
⑦ 감사의 실천은 부정적인 감정과 공존하지 않는다.
⑧ 감사의 실천은 사람들이 자기의 삶에 주어진 좋은 것들을 당연하게 여기지 않고 지극히 감사하게 생각한다.

류보머스키 교수는 이렇게 말했습니다. "역경에 부딪혔을 때 사동직으로 '난 새누가 없어'라고 생각하는 내신 감사글 실천하면, 자신의 현재 생활에서 가치있는 것이 무엇인지 또는 형편이 더 나쁘지 않아서 얼마나 고마운지 생각하도록 고무시킬 것이다."

8절. 올바른 행위(정업)와 행복

정업(正業, samyak-karmānta)이란, '올바른 행위'라는 뜻으로서 올바른 신체 행위를 의미합니다. 구체적으로 살생(殺生)하지 않고, 도둑질(偸盜)하지 않으며, 삿된 음행(邪淫)을 하지 않는 것입니다. 즉, 몸(身)으로 악업(惡業)을 짓지 않고 그 반대인 선업(善業)을 짓는 것입니다.

옛날 어느 나라에는 명절이나 경삿날에는 부녀자들이 모두 우트팔라꽃으로 머리를 장식하는 풍습이 있었다.

어떤 가난한 사람의 아내가 남편에게 말했다.

"당신이 만일 우트팔라꽃을 얻어 내게 주면 나는 당신의 아내로 있겠지만 얻어 오지 못하면 나는 당신을 버리고 떠나가겠습니다."

그 남편은 이전부터 원앙새 우는 소리 흉내를 잘 내었다. 그래서 곧 궁궐 못에 들어가 원앙새 우는 소리를 내면서 우트팔라꽃을 훔치고 있었다.

그때 못을 지키는 사람이 물었다.

"못 가운데 그 누구냐?"

그는 그만 실수하여 이렇게 대답했다

"나는 원앙새입니다."

못 지기는 그를 붙잡아 데리고 왕에게 갔다. 도중에 그는 다시 부드러운 소리로 원앙새 우는소리를 냈다.

연못 지기는 말했다.

"너는 아까는 내지 않고 지금 원앙새 우는 소리를 내어 무엇 하느냐."

세상의 어리석은 사람도 이와 같다. 죽을 때까지 온갖 악업을 짓고, 착한 일을 하지 않다가 임종 때가 가까워서야 비로소 말한다.

"나도 지금부터 착한 일을 하고 싶다."

그러나 그것은 마치 저 어리석은 사람이 왕에게 가서 원앙새 우는소리를 내려고 하는 것과 같다.

이는 <백유경>에 있는 이야기입니다. 나중에 후회하지 말고 일상생활에서 '올바른 행동(정업)'을 해야 함을 일깨워주고 있습니다.

<변의장자경>에서 "살생하지 아니하면 오래 살고 병 없이 늘 곱고 몸은 편안하다." 또, "훔치지 않으면 늘 부귀하여 재물이 부족하지 않고 마음은 항상 즐겁다." 그리고 "음란(淫亂)하지 아니하면 몸이 향기롭고 깨끗하며 항상 단정하고 덕과 행이 저절로

밝다."라며 몸으로 짓는 선행의 공덕을 설하고 있습니다.

한편, <숫타니파타(경집)>에서 "날 때부터 천한 사람이 되는 것은 아니다. 날 때부터 귀한 사람이 되는 것도 아니다. 오로지 그 사람의 행위에 의해서 천한 사람도 될 수 있고 귀한 사람도 될 수 있는 것이다." 그리고 <출요경>에서 "몸(身)의 악한 행을 잘 단속하고, 스스로 몸의 행을 바르게 하라. 그것을 잘 단속하는 사람은 선한 행을 잘 닦는다."라며, 올바른 행위가 곧 명예요, 선행(善行)임을 강조하고 있습니다.

특히, <무량수경>에서 "착한 일을 행한 사람은 어김없이 행복한 처소에 태어나고, 악한 일을 행한 사람은 어김없이 재앙이 많은 처소에 태어난다." 또, <법구경>에서 "악행을 한 사람은 이 세상에서 슬퍼하고 저세상에서 슬퍼하고 두 곳에서 슬퍼한다. 자기의 더러운 행실을 보고 슬퍼하고 괴로워한다. 그러나 선행을 한 사람은 이 세상에서 기뻐하고 저세상에서도 기뻐하고 두 곳에서 기뻐한다. 자기의 깨끗한 행실을 보고 기뻐하고 즐거워한다."

라며, 선행과 악행은 반드시 그 과보를 받게 되므로 선한 행위를 할 것을 설하고 있습니다.

이에, <장아함경>에서 "아비가 착하지 못한 짓을 했더라도 자식이 대신 받지 못하고, 또 자식이 옳지 못한 짓을 했더라도 아비가 대신 받지 못한다. 착한 일은 스스로 복을 받고 나쁜 짓은 스스로 재앙을 불러들이는 것이다."라고 설하고 있는 것입니다. 이러한 인과응보(因果應報)와 관련해서, <빨리 상응부>에 다음과 같은 이야기가 설해지고 있습니다.

어느 날 한 젊은이가 울면서 부처님을 찾아왔다. 그는 울음을 멈추지 않았다. 부처님이 그에게 물었다.

"젊은이, 무엇이 잘못되었는가?"

"예, 어제 아버님이 돌아가셨습니다."

"어쩔 것인가? 운다고 해서 돌아가신 분이 오지는 않을 것이다."

"그렇습니다. 저는 이해합니다. 그러나 저는 특별한 부탁이 있어 이렇게 찾아왔습니다. 제발 죽은 아버지를 위해 무언가를 해주십시오."

"음, 내가 죽은 너의 아버지를 위해 무엇을 할 수 있을까?"

"제발 무언가를 좀 해주십시오. 좋은 세상에 태어날 수 있도록 제사를 지내주시거나 의식(儀式)을 거행하여 주십시오.

이 젊은이는 너무나 슬펐기 때문에 합리적인 생각을 할 수 없었다. 그래서 부처님은 그를 위해 새로운 방식을 사용했다. 부처님이 그에게 말했다.

"좋다. 시장에 가서 단지 두 개를 사오너라."

젊은이는 부처님이 그의 죽은 아버지를 위해 어떤 의식을 집행하려는 것이라고 생각하고 매우 기뻐했다. 그는 시장으로 달려가서 단지 두 개를 사가지고 왔다.

"좋다. 한 쪽에는 버터기름을 넣고 다른 쪽에는 자갈을 넣어라."

부처님이 지시하는 대로 젊은이는 따랐다.

"자, 그것들을 연못에다 집어넣어라."

젊은이는 그대로 했다. 두 개의 단지는 연못 밑바닥으로 가라앉았다. 부처님이 말했다.

"자 이제 긴 막대기를 가지고 와서 그 단지를 쳐서 깨뜨려라."

젊은이는 부처님이 그의 아버지를 위해 훌륭한 의식을 행한다고 생각하고 기분이 좋았다.

인도의 옛 관습에 따르면, 사람이 죽으면 그의 아들은 화장터로 가서 시체를 장작 위에 놓고 불태운다. 몸이 반쯤 탔을 때 아들은 두꺼운 막대기로 두 개골을 깬다. 관습에 의하면, 이때 두 개골이 깨어지면 좋은 세계의 문이 열린다는 믿음이 있었다. 그래서 젊은이는 '아버지의 몸은 이제 다 재로 변해가고 있으니 부처님은 내가 이 단지를 깨뜨리기를 원하는구나.'라고 생각했다. 그는 매우 행복했다.

부처님이 말한 대로 젊은이는 긴 막대기를 가지고 두 개의 단지글 내리쳐 깨뜨렸다. 당장에 한 쪽 단지에 담겨진 버터가 흘러나와 연못 물 표면으로 떠올랐다. 다른 쪽에 담긴 자갈은 흘러나와 밑바닥에 남았다. 그때 부처님이 말했다.

"젊은이, 이것이 내가 행한 의식이다. 자, 이제 '오, 자갈이여 위로 올라오라, 위로 올라오라. 버터여 밑으로 가라앉으라, 가라앉으라.' 그러면 어떤 일이 일어날까?"

"오, 부처님 당연히 자갈은 물보다 무겁기 때문에 바닥으로 가라앉습니다. 그것들은 위로 올라올 수 없습니다. 그것은 자연의 법칙입니다. 버터는 물보다 가볍기 때문에 물 표면에 올라옵니다. 버터는 아래로 가라앉을 수 없습니다. 그것이 자연의 법칙입니다."

"젊은이여, 그대는 자연의 법칙은 매우 잘 알고 있다. 만약 그대의 아버지가 그의 인생에서 자갈처럼 무거운 악행을 했다면 그는 반드시 아래로 내려간다. 누가 그를 위로 끌어올리겠는가? 그리고 버터처럼 가벼운 선행을 했다면 그는 반드시 위로 올라간다. 누가 그를 아래로 끌어내리겠는가?"

<화엄경>에 "인정이 없는 사람에게는 모든 사람을 행복하고 만족하게 해주는 큰 사랑(慈)을 권장하고, 남을 해치는 사람에게는 불행한 사람을 도와주는 큰 연민(悲)을 권장하라."는 가르침이 있습니다. 즉 '올바른 신체행위(정업)'는 자비심을 바

탕으로 하는 행위이어야 합니다.

따라서 살생을 하지 않기 위해서는 모든 생명체를 존엄하게 여겨야 합니다. 도둑질을 하지 않기 위해서는 남의 물건을 귀하게 여겨야 합니다. 삿된 음행을 하지 않기 위해서는 선량한 성도덕을 지켜야 합니다. 이런 방법이 '올바른 신체해위(정업)'를 자비심을 바탕으로 하는 적극적인 방법이요, 선업을 짓는 방법이요, 최고 행복으로 가는 길입니다.

<출요경>에 이런 가르침이 있습니다. "사람이 과거에 악행을 저질렀더라도 지금의 선행으로 그것을 없앨 수 있다. 마치 구름이 사라진 뒤의 달과 같다."

한편, 우리가 생명체를 존엄하게 여기거나 남의 물건을 귀하게 여기거나 선량한 성도덕을 지키기 위해서는 긍정적인 감정을 가져야 합니다. 중요한 것은 긍정적인 감정을 가지려면 자신의 감정을 조절, 즉 다스릴 수 있어야 합니다.

◎ 자신의 감정을 다스려야 행복해집니다

감정이란, 어떤 사건이나 현상을 접했을 때 마음에서 일어나는 느낌(feeling)이나 기분(mood)을 말합니다. 여기서의 감정은 느낌, 기분은 물론 정서, 감성을 포괄하는 의미입니다.

대표적인 감정으로 희로애락(喜怒哀樂), 즉 기쁨과 분노 (화), 슬픔과 즐거움이 있습니다. 감정은 좋다, 즐겁다와 같이 긍정적인 것이 있는가 하면 싫다, 슬프다와 같이 부정적인 것도 있습니다. 그리고 좋지도 싫지도 않거나, 즐겁지도 슬프지도 않은 중립적인 것도 있습니다.

분노(격한 감정)에 대해서는 앞에서 언급하였으므로 여기서는 주로 부정적 감정을 다스리는 것에 대해 언급하기로 합니다.

감정은 우리가 살아가는데 매우 중요한 요소의 하나입니다. 감정은 우리의 판단(선택, 의사결정)과 행동에 영향을 줍니다. 다시 말해, 자신의 감정이 어떠냐에 따라 우리의 판단과 행동이 크게 좌우됩니다. 실제로 우리의 일상생활은 판단과 행동의 연속이라고 할 수 있습니다. 일반적으로 감정이 없으면 판단도 행동도 있을 수 없습니다. 우리가 뭔가를 판단해야 할 경우 그것이 '좋은지 싫은지' 혹은 '즐거운지 슬픈지' 등의 감정을 느끼면서 그에 따라 선택 대상을 압축한 다음 최종적으로 판단하고 행동하는 것이 일반적입니다. 따라서 감정이 없으면 정상적인 판단과 행동에 장애가 됩니다.

뇌과학자인 서던캘리포니아대학 뇌과학연구소 소장 안토니오 다마지오 교수가 1994년에 출간한 《데카르트의 오류, Descartes' Error》에 나오는 환자 사례는 감정 결핍이 가져오는 파국적인 상황을 잘 보여주고 있습니다.

그 환자는 전전두엽 부위에 생긴 뇌종양을 제거한 후 팔다리의 운동 기능이나 언어능력, 기억력, 계산능력 등 운동기능이나 지적 능력은 정상이었지만, 정상적인 생활을 할수가 없었습니다.

그는 뇌종양을 제거할 때 감정을 관장하는 전전두엽 부위가 손상됐기 때문에 아무런 감정을 느낄 수 없었습니다. 그는 슬픔이나 불안도 없었는데, 그것은 그가 스스로 감정을 억제해서가 아니라 좋고 싫은 것 자체를 느끼지 못하게 되었기 때문입니다. 심지어 아침에 일어나 출근할 때 어떤 옷을 입어야 할지도 판단하지 못하고 우왕좌왕했습니다.

그 환자는 감정을 느끼기 못했기 때문에 아무것도 판단할 수 없었고 따라서 어떻게 행동해야 할지 몰랐습니다. 즉, 그는 인간의 판단에 중요한 기능을 하는 감정을 느낄 수 없었기 때문에 정상적인 삶을 살 수가 없었던 것입니다

우리는 앞에서 감정에는 크게 긍정적인 감정, 부정적인 감정, 중립적인 감정이 있다는 것을 언급한 바 있습니다. 물론 행복의 측면에서 긍정적인 감정이 중요합니다.

긍정적 감정의 중요성에 대해 노스캐롤라이나대학 심리학 바바라 프레드릭슨 교수는 "행복, 기쁨, 자존감과 같은 긍정적 정서가 삶을 성공으로 이끌고, 그 성공을 유지하는데 매우 중

요하다."라고 주장합니다. 나아가 "긍정적 감정을 지니면 사회적 관계도 성공적으로 맺을 수 있고, 일도 생산적으로 할 수 있다."라고 강조합니다.

반대로 분노, 슬픔, 불안 등의 부정적인 감정을 느끼는 동안에는 자신의 생각에 어긋나는 정보가 있을 때 그것을 왜곡, 과소평가, 또는 무시할 가능성이 높아져서 잘못된 판단을 한다는 것입니다.

캐나다 워털루대학에서 연구한 결과에 의하면, 불안감을 느끼면 매우 간단한 수학 문제도 잘 풀지 못할 수 있다는 것을 밝혀냈습니다. 이 실험은 부정적인 감정이 아주 기초적인 뇌의 처리 과정을 방해할 수 있음을 증명한 것입니다. 즉, 불안감을 느끼거나 화를 내거나 할 때 주의력 같은 인지 능력이 방해받아서 제대로 생각할 수 없게 되는 것입니다.

또한, 소냐 류보머스키 교수는 "긍정적인 감정이 행복한 사람들을 만든다고까지 말할 수 있다."라고 주장하고 있습니다. 더 나아가 긍정적인 감정은 또 다른 긍정적인 감정을 불러일으킨다고 합니다. 마찬가지로 부정적인 감정은 또 다른 부정적인 감정을 불러일으킨다고 합니다. 이런 형상을 '감정 상승 나선효과'라고 합니다. 류보머스키 교수는 긍정적인 감정의 '감정 상승 나선효과'에 대해 다음과 같이 언급하고 있습니다.

긍정적인 감정은 상승 나선효과를 만들어 낸다. 예를 들면, 유산소 운동을 한 후에 활기를 느끼고 그래서 창의성이 향상되고 배우자를 어떻게 매혹시킬 것인지 새로운 아이디어가 떠오르며 당신의 결혼 생활이 견고해지고, 그럼으로써 만족감이 고양되고 더욱 헌신하게 되며 감사하고 용서하겠다는 마음이 생겨 낙관적인 생각에 불이 붙고, 이 낙관적인 생각은 자기실현적인 예언이 되어서 직장에서 어려움을 겪어도 괴로움에서 쉽게 벗어나는 식으로 계속 이어진다. 긍정적인 감정이 조금 상승하면서 일어나는 크고 작은 변화들이 누적됨으로써 긍정적인 감정이 당신을 정말로 더 행복한 사람으로 변화시켜준다.

이는 붉은 장미를 좋아하는 사람은 붉은 장미를 보면서 기분 좋은 감정을 느낄 때마다 즐겁거나 유쾌한 감정까지도 느끼거나, 반대로 붉은 장미를 싫어하는 사람은 붉은 장미를 보면서 기분 나쁜 감정을 느낄 때마다 짜증이나 분노의 감정까지도 느끼는 것과 마찬가지입니다.

즉, 부정적인 감정 역시 '감정 상승 나선효과'를 가져옵니다. 버지니아대학의 연구진은 실험 대상자들에게 언덕 맨 꼭대기로 올라가 스케이트보드 위에서 언덕 아래를 내려다보면서 경사가 어느 정도인지 예측하도록 했습니다.

그 결과 사람들이 예측한 경사도는 그들이 느낀 불안의 정도에 따라 비례하는 것으로 드러났습니다. 이는 어떤 상황을 부정적으로 해석할 때, 그 상황을 계속해서 극단적으로 몰아가는 우리 뇌의 부정적 성향을 말해주고 있는 것입니다.

한 연구에서 참가자들에게 '왜 당신은 좋은 친구인가'라는 주제에 관해 발표를 하라고 일분씩 시간을 주었습니다. 참가자들은 알지 못했지만 실제로 발표를 시킬 계획은 아니었습니다. 이 참가자들은 그 즉시 무척 불안하고 가슴이 두근거리며 혈압이 올라가는 느낌이었다고 보고했습니다. 그런 후에 그들은 네 집단으로 나뉘어 각각 즐거운, 만족스러운, 중립적인, 슬픈 영화를 보여주었습니다.

영화가 끝난 후에 모든 집단이 불안감을 느끼지 않고 심박동수도 정상화되는 등 본래의 생체적, 정서적 상태로 돌아갔습니다. 그중에서도 긍정적인 영화 감상을 통해 즐거움이나 만족과 같은 긍정적인 감정을 체험한 두 집단이 심혈관계 증상에서 가장 빠른 회복을 보였습니다.

심리학자들의 주장에 의하면, 긍정적인 감정은 부정적인 감정이 심혈관계에 미치는 잔여 효과를 해소해주는 능력이 있다고 합니다. 즉, 즐거움이나 만족 등 긍정적인 감정을 느끼는 사람들이 자기 삶의 '큰 그림'을 보도록 도와준다는 것입니다. 또한, 긍정적인 감정은 스트레스나 정신적 외상(트라우마)을 겪는 와중에도

'심리적인 휴식기'를 제공해줌으로써 불쾌한 시간의 고통을 완화시켜준다는 것입니다.

그러므로 우리가 행복하기 위해서는 부정적인 감정을 조절하는 것이 핵심입니다. 감정조절이란, 자신의 감정을 인식(인지, 의식)하고 통제하는 것을 말합니다. 감정조절은 감정을 부정하거나 회피하는 것이 아닙니다. 감정을 인정하고 받아들이되 특정한 감정을 다루는데 노련해지는 것입니다.

내가 나의 감정을 조절할 수 있다는 것은 '내가 내 감정에 끌려가거나 휘둘리지 않고 감정의 주인으로 살아간다.'는 중요한 의미가 있습니다. 현실적으로 우리가 살아가는데 있어서 희로애락의 감정은 불가피합니다. 중요한 것은 감정에 끌려가거나 휘둘리지 않아야 합니다.

이에, 저명한 임상심리 상담가인 로버트 아이셋 박사는 《내 인생이 행복해지는 긍정의 심리학》에서, "최상의 행복을 얻기 위해서는 자신의 감정과 정서를 인식하고 그것들을 조절하는 방법을 반드시 알아야 한다."라고 주장하고 있습니다.

왜냐하면, "행복을 느끼든, 적응을 하든, 불행과 정서적인 혼란과 싸우든, 이 모든 것들은 주로 자신의 감정을 얼마나 잘 인식하고 조절하느냐에 따라 달라지기 때문"이라는 것입니다.

감정을 조절하기 위해서는 먼저 감정이 어떻게 생기는지를 이해할 필요가 있습니다. 감정이 어떻게 생기는지에 대해 심리학자 앨버트 엘리스 박사는 'ABC 모델'로 제시합니다.

즉, '사건(accident)-믿음(belief)-결과(consequence)'가 그 것입니다. 흔히 우리는 어떠한 '사건(A)'이 곧바로 우리의 감정이라는 특정한 '결과(C)'를 가져온다고 생각합니다. 하지만 그 사이에는 반드시 우리의 '믿음(B)'이라는 연결고리가 있다는 것입니다.

우리 삶에서 벌어지는 다양한 사건(상황)들은 그 자체로서는 아무런 감정(느낌)을 가져오지 않습니다. 그것이 특정한 감정을 가져오려면 우리의 믿음에 의해 해석되고 매개되어야 합니다.

결국 어떤 사건(A)은 우리의 믿음(B)을 촉발하고, 정서적인 결과(C)를 유발한다는 것입니다. 즉, 감정은 사건 자체가 아니라 우리의 믿음에서 비롯된다는 것입니다. 여기서 믿음이란 우리가 갖고 있는 '생각', 신념, 견해, 관점, 사고, 프레임(frame), 패러다임

(paradigm) 등을 포괄하는 의미입니다.

이렇게 우리가 어떤 감정을 느낄 때 거기에는 '생각'이 연결되어 있습니다. 따라서 생각은 감정을 파악하는데 길잡이 역할을 합니다. 이를테면, 어떤 사람을 처음 소개받았을 때 그 사람이 예절바르다고 생각되면 호감, 기쁨, 안정 등의 긍정적인 감정을 느낄 것입니다. 반대로 그 사람이 무례하다고 생각된다면 분노, 슬픔, 불안 등의 부정적인 감정을 느낄 것입니다.

그러면 우리가 자신의 감정을 조절하기 위해서는 어떻게 해야 할까요. 행복을 누리고 행복을 나누는데 있어서 감정 조절이 매우 중요하기 때문에 자세히 언급하기로 합니다.

첫째, '불교명상'으로 뇌의 감정조절 능력을 강화시키는 것입니다. 불교명상은 감정을 담당하는 뇌 부위를 활성화함으로써 감정조절 능력이 강화되고, 긍정적 감정 내지 행복 수준을 높여준다는 연구 결과들이 계속 쏟아지고 있습니다. 또 '알아차림'과 '놓아버림'을 고도화시킵니다.

특히, 11시간의 짧은 불교명상으로도 감정조절에 관여하는 두 뇌 부위가 활성화된다는 사실이 밝혀졌습니다. 불교명상은 감정의 뇌와 생각의 뇌가 서로 명확하게 소통하게 함으로써 그들이 더 잘 협력할 수 있게 합니다. 즉, 불교명상을 하게 되면 집중력을 담당하는 전두엽 부위가 감정 촉발을 담당하는 변연계의 활동을 조절한다는 것입니다. 그러면 감정조절 능력이 강화됩니다.

둘째, 자신의 '감정을 의식'하고 감정을 조절하는 것입니다. 즉, 그때그때 자신의 감정이 긍정적이면 긍정적인대로 부정적이면 부정적인대로 의식(자각, 인지, 인식)하는 것입니다. 감정을 의식하지 못하면, 즉 무의식적(무자각적, 무인지적, 무인식적)이면 감정을 조절하기 어렵습니다.

만약 부정적인 감정을 의식하거나, 부정적인 감정에 꼬리에 꼬리를 무는 휘둘림에 있음을 의식할 때 스스로 '멈춰!'라며 부정적인 감정을 정지시키고 긍정적으로 전환시킬 수 있습니다.

우리의 감정을 의식하는 좋은 방법이 바로 일상생활에서의 '알아차림'입니다. 우리는 부정적인 감정의 '생성'을 막을 수는 없습니다. 그러나 그것을 놓아버림으로써 '소멸'시킬 수 있습니다.

특히, 부정적인 감정이 생성되면 그것을 알아차리고, 한 발 뒤로 물러서서 제3자('경험자'가 아닌 '관찰자') 입장에서 감정의 생성(감정의 생김─감정의 강화─감정의 소멸) 과정을 바라봅니다. 그러면 감정이 자연히 조절(소멸)됩니다. 이를 테면, 살생(殺生)·투도(偸盜)·사음(邪淫)의 마음이 생기면 그것을 알아차리고 (심호흡을 하면서 제3자 입장에서) 가만히 지켜보기만 합니다. 그러면 마음이 안정되면서 살생(殺生)·투도(偸盜)·사음(邪淫)의 마음이 사라지고 그 대신 불살생·불투도·불사음의 마음이 생깁니다.

저명한 임상심리 상담가인 로버트 아이셋 박사는 《내 인생이 행복해지는 긍정의 심리학》에서 이렇게 말했습니다. "자신에게 귀를 기울이면 자신이 행복한지 슬픈지 지루한지 외로운지 설레는지 화나는지 피곤한지 낙담하는지 등 자기의 감정을 알 수 있다. 자신이 모르는 것을 보살필 수는 없다. 시간을 들여 자신에게 귀를 기울이고 자신의 감정을 알아차리고 들을 때에만, 자신이 어떤 상태인지 알 수 있고 최선으로 보살필 수 있다. ··· 진정한 관심과 애정으로, 그리고 잘잘못을 따지지 말고 자기에게 귀를 기울이는 사고방식을 가져라."

셋째, '생각의 재구성'에 의해 감정을 조절하는 것입니다. 즉, 사건(상황)에 대한 우리의 생각을 재구성함으로써 감정을 조절하는 것입니다. 위의 'ABC 모델'에서 밝혀진 바와 같이, 우리의 감정(느낌)은 사건(상황)이 만들어낸 것이 아니라 '학습된 생각'의 산물이기 때문입니다.

이를테면, 붉은 장미를 싫어하는 사람이 붉은 장미를 볼 때마다 기분 나쁜 감정이 생긴다면 이는 붉은 장미를 싫어하는 자신의 학습된 생각 때문입니다.

따라서 내가 붉은 장미를 볼 때마다 기분이 나빠지지 않기 위해서는 붉은 장미를 싫어하는 자신의 '생각'이 과연 옳은 것인가를 객관적인 입장에서 '검증(재평가)'해보는 것입니다. 즉, 붉은 장미를 싫어하는 자신의 생각에 대해 옳은 증거가 무엇인지 그리고 옳지 않은 증거가 무엇인지를 제3자 입장에서 기록해보는 것입니다. 이 때 자신의 과거 경험(이를 테면, 붉은 장미가시에 찔린 적이 있다든가 또는 붉은 장미꽃가루 알러지 비염을 앓은 적이 있다든가 등)은 고려하지 않는 것이 중요합니다.

대체로 옳은 증거와 옳지 않은 증거의 숫자상 차이는 있지만 어느 쪽이든 100% 미만일 겁니다. 그렇다면 붉은 장미를 싫어하는 자신의 생각을 과감하게 바꾸는 것입니다. 기존의 부정적 생각을 긍정적으로 변화(재구성)시키는 것입니다.

그러면 붉은 장미를 볼 때마다 기분 나쁜 감정이 생기지 않게 됩니다. 이것이 자신의 생각을 재구성하는 방법입니다. 다른 어떤 부정적인 생각도 이런 방법으로 통제(조절)할 수 있습니다.

심리학자들은 이렇게 말합니다. "우리는 자신에게 일어나는 사건(상황)을 통제할 수는 없다. 하지만 그 사건에 대한 자신의 생각을 통제할 수는 있다."

여기서 중요한 것은 이런 사후적인 통제 방법보다는 사전적인 통제 방법이 훨씬 더 바람직하다는 점입니다. 자기 생각을 사전적으로 통제하기 위해서는 '평소'에 열린 생각, 유연한 생각, 다양한 생각, 총체적인 생각, 통합적인 생각 등의 자세를 견지하면서 자기 생각을 '긍정적으로' 재구성할 필요가 있습니다.

넷째, '생각의 전환'에 의해 감정을 조절하는 것입니다. 특히 부정적인 감정에 들 때 생각을 긍정적으로 전환하는 것입니다. 긍정적인 생각이 긍정적인 감정을 불러오기 때문입니다.

물론, 매사를 긍정적으로 생각하는 것이 좋다고 할 수 있지만 긍정적으로 생각한다고 해서 삶의 문제가 모두 해결되는 것은 아닙니다. 불안, 우울, 분노 등을 경험해본 사람들은 대부분 '긍정적으로 생각하는 일'이 결코 쉽지 않다고 말합니다. 또, 격한 기분에 사로잡혀 있는 와중에 긍정적인 생각을 하게 되면 잘못된 부분을 알려주는 중요한 신호(단서)를 놓칠 수도 있습니다.

이를테면, 운행 중인 자동차에서 덜거덕덜거덕 소리가 날 때 '차가 또 말썽을 부리네!' 라며 격한 기분에 사로잡혀 있을 때 '뭐, 괜찮겠지' 하며 긍정적인 생각을 하게 되면 바퀴 조임 나사가 헐거워져서 바퀴가 빠질 수 있다는 신호(단서)를 놓칠 수 있습니다.

이런 예외적인 상황을 감안은 하되, 가능한 한 긍정적으로 생각

하는 것이 우리의 감정조절 내지 행복 수준을 높이는데 매우 중요
합니다. 따라서 전문가들은 "다양한 측면에서 생각하되 가능한
한 긍정적으로 생각하는 것을 습관화할 필요가 있다."라고 주장
합니다.

그런데, 전대상피질은 매우 민감해서 긍정적인 '척' 하는 것을 알
아볼 수 있다고 합니다. 즉, 거짓으로 긍정적인 생각을 하면 부정
적인 감정이 줄어들지 않는다는 것입니다. 따라서 '척(거짓)'이 아
니라 '진심'으로 긍정적인 생각을 할 필요가 있습니다.

과거는 과거일 뿐입니다. 따라서 과거의 부정적인 상황이나
느낌을 되씹지 말고 오히려 그것들로부터 교훈을 배우고 그냥
잊어버리는 것이 현명한 방법입니다.

폴 해머니스와 마거릿 무어 그리고 존 행커는 그들의 공저 《하
버드 마음 강좌, Organize Your Mind Organize Your Life》에서
"과거의 경험에서 교훈을 얻고, 그 교훈을 앞으로의 일에 적용하고
미래에 대해서는 새롭고 편견 없는 긍정적인 생각을 가져야 한다,"
라고 강조하면서 과거의 실수에 얽매여 있을 경우 다음과 같은 '실
수의 주문(呪文)'을 이용할 것을 권하고 있습니다.

나는 나의 실수를 용서한다. 나는 완벽하지 않다. 누구도
완벽하지 않다. 나는 배우려고 노력하고 있고, 점점 나이질
것이다. 과거의 경험은 현명한 스승이며, 나는 그 교훈을 잘

활용할 것이다.

다섯째, 감정에 대한 '인내심'을 갖는 것입니다.

중요한 것은 인내력은 후천적 노력에 의해 키워나갈 수 있다는 점입니다. 지난 수천 년 동안 선천적인 자질로 간주되어 온 인내력에 대한 일반적인 통념을 뒤집는 미셸 박사의 연구 결과는(앞에서 언급한 바와 같이) 결국 인간의 인내력은 타고나는 것보다 후천적 노력이 더 중요하다는 것을 의미합니다. 즉, 화를 참으면 참을수록 인내심이나 자제력은 그만큼 강화됩니다. 반대로 화를 내면 낼수록 인내심이나 자제력이 그만큼 약화됩니다. 이 실험이 주는 또 다른 의미는 우리가 인내심이나 자제력을 강화시키면 보다 더 행복한 삶을 살아갈 수 있다는 것입니다.

미륵사지 석탑(국보 제11호)

여섯째, 부정적인 감정을 '능가'하는 긍정적인 감정을 갖는 것입니다.

우리 뇌는 긍정적인 감정과 부정적인 감정이 동시에 일어나면 긍정적인 감정은 희생되고 부정적인 감정이 활성화된다고 합니다. 마치 똑같은 볼륨으로 발라드 음악과 락(rock)음악을 동시에 틀어 놓으면 발라드 음악은 거의 들리지 않고 락 음악만 들리는 것과 마찬가지입니다.

피트릭 빌 류미어 박사와 소피 슈워츠 박사는 피질맹(皮質盲 cortical blindness) 환자의 시야에 서로 다른 이미지들을 제시하면 서 무슨 일이 일어나는지 알아보기 위한 실험을 했습니다. 피질맹 환자들은 한쪽 눈만 뇌에서 연결이 끊어져 있기는 하지만 눈 자체 는 정상이기 때문에 피질맹 환자들의 두 눈 시야는 정상인의 시야 와 똑같습니다. 그러나 피질맹 환자들은 정상 쪽 눈의 시야에서는 잘 보지만 장애 쪽 눈의 시야에서는 아무것도 보지 못한다고 생각 합니다.
연구자들은 모양이 엇비슷하지만 유쾌한 이미지의 '꽃', 불쾌한 이미지의 '거미', 중립적인 이미지의 '고리' 그림을 정상 쪽 시야와 장애 쪽 시야에 각각 제시했습니다. 그랬더니 장애 쪽 시야에 유쾌 한 이미지의 '꽃' 그림이 제시되었을 때보다 불쾌한 이미지의 '거 미' 그림이 제시되었을 때 제대로 알아맞히는 빈도가 더 높았습니 다. 즉, 뇌는 유쾌하거나 중립적인 자극보다 불쾌한 자극을 더 높 은 빈도로 정확하게 감지했습니다.

이렇게 우리의 뇌는 유쾌하거나 중립적인 감정보다 부정적인 감정에 우선적으로 반응한다는 것입니다. 이는 우리의 뇌가 긍정적인 감정보다는 부정적인 감정에 더 익숙해져 있다는 증거입니다.

중요한 것은 이렇게 부정적인 요소를 발견하는데 습관화된 뇌는 긍정적인 요소를 발견하는 능력을 위축시킨다는 점입니다. 따라서 부정적인 쪽으로 감정이 발달한 사람들은 즐거움과 만족을 느낄 수 있는 다양한 기회를 그냥 흘려보내게 됩니다.

다행히 심리학자들은 긍정적인 감정이 부정적인 감정의 영향을 억제할 수 있다는 사실을 밝혀냈습니다. 즉, 우리는 연습과 습관화를 통해 긍정적인 기회에 더 예민하게 반응할 수 있도록 뇌 구조를 다시 변화시킬 수 있다는 것입니다.

우측 앞 뇌는 부정적인 감정을 조정하기 위해 설치되어 있고, 반대로 좌측 앞 뇌는 긍정적인 감정을 조정하기 위해 설치되어 있습니다. 다시 말해, 긍정적인 감정보다 부정적인 감정이 더 강하면 우측 전대상피질이 활성화되고, 반대로 부정적인 감정보다 긍정적인 감정이 더 강하면 좌측 전대상피질이 활성화됩니다.

자주 즐거워하는 사람의 얼굴에서 웃음이 남긴 잔주름을 많이 볼 수 있듯이, 감정 역시 뇌에 그 흔적을 남기게 되어 있습니다. 우리가 반복해서 체험하는 즐거움이나 슬픔 같은 감정의 효과란 산허리를 타고 흘러내리는 물방울의 효과와 비슷합니다. 각각의 물방울은 금방 사라지지만 시간이 흐를수록 그

물방울들이 모여서 물길을 만들고 결국에는 골짜기를 만듭니다. 그렇기 때문에 기쁨과 즐거움은 습관이 됩니다. 슬픔이나 짜증도 마찬가지로 습관이 됩니다.

이에, 우리는 안토니오 다마지오가 《스피노자의 뇌》에서, "어떤 감정은 오직 그보다 더 강력한 상반된 감정으로만 억제되거나 중화될 수 있다."라고 말한 것을 잊지 말아야 합니다. 즉, 우리가 부정적인 감정을 긍정적으로 조절하려면 '더 강력한' 긍정적인 감정을 가져야만 합니다.

노스캐롤라이나대학 심리학 바버라 프레드릭슨 교수의 연구에 의하면, 뇌가 최적의 기능을 하기 위해서는 긍정적인 감정과 부정적인 감정의 비율이 최소한 3대 1은 되어야 한다고 합니다. 이는 부정적인 감정을 통제(조절)하기 위해서는 3배나 더 강력한 긍정적인 '감정'을 불러일으켜야 한다는 것을 시사하고 있습니다.

일곱째, 긍정적인 '행동'을 하는 것입니다. 긍정적인 행동이 긍정적인 감정을 불러일으키기 때문입니다.

우리의 감정과 행동은 서로 밀접하게 연결되어 있습니다. 따라서 감정은 행동에, 행동은 감정에 서로 영향을 줍니다. 긍정적인 면도 그렇고 부정적인 면도 그렇습니다.

기분이 긍정적이면 어깨가 쪽 펴지고 미소를 띠게 되고 걸음이 활기차집니다. 반대로 기분이 부정적이면 부정적인 행동을 하게 됩니다. 마찬가지로 어깨를 쭉 펴고 미소를 짓고 활기차게 걸으면(행동이 긍정적이면) 기분이 좋아집니다. 반대로 행동이 부정적이면 부정적인 기분이 됩니다.

안토니오 다마시오는 《데카르트의 오류》에서, 우리가 진짜로 미소를 지으면 좌측 전대상피질이 활성화되지만 가짜로 미소를 지으면 좌측 전대상피질이 활성화되지 않는다고 합니다. 하지만 그런 시도가 가치가 있다고 합니다. 다마시오에 의하면, 거짓 미소를 반복하다보면 좌측 전대상피질이 활성화되는데, 이는 긍정적으로 느끼려고 하다보면 정말 긍정적으로 느껴지기 때문이라는 것입니다. 마치 억지로라도 15초 이상 웃으면 자연스럽게 진짜 웃음이 나옴으로써 진짜 웃음의 효과가 생기는 것과 같은 원리입니다.

따라서 긍정적인 행동을 습관화시키는 것이 곧 우리의 감정을 긍정적으로 통제(조절)하는 좋은 방법입니다.

여덟째, '주의 전환'에 의해 감정을 조절하는 것입니다. 부정적인 감정에 휩싸일 때 얼른 다른 무엇에 주의(注意)를 돌리는 것입니다. 즉, 다른 일을 하거나 독서를 하거나 또는 산책, 운동, 스트레칭, 악기 연주, 노래 듣기, 화초 물주기, 심호흡하기, 게임하기 등 무언가 새로운 것에 주의를 집중하는 것입니다.

격한 감정이 들 때 그 내용을 글로 쓰거나 신뢰할 수 있는 사람에게 말이나 이메일로 털어놓는 것도 효과적입니다.

아홉째, '환경의 전환'에 의해 감정을 조절하는 것입니다. 긍정적인 환경은 감정에 긍정적으로 영향을 줍니다.

우리의 감정과 환경은 서로 밀접하게 연결되어 있습니다. 즉, 감정은 환경에, 환경은 감정에 서로 영향을 줍니다. 긍정적인 환경은 감정에 긍정적으로 영향을 주고, 긍정적인 감정은 환경에 긍정적으로 영향을 줍니다. 부정적인 면도 마찬가지입니다.

일반적으로 우리 주변의 물적·인적·사회적·자연적 환경이 긍정적이면 기분이 좋아지고 반대로 부정적이면 기분이 나빠집니다. 따라서 우리의 부정적인 감정을 조절하기 위해서는 물적·인적·사회적·자연적 환경을 가능한 한 긍정적으로 바꾸는 것이 효과적입니다.

열째, 전문가와 '심리 상담'을 하거나 '약물 치료'를 받는 것입니다. 의학자들에 의하면, 현대인들은 스트레스 등의 이유로 우울증, 불안감 등 어느 정도의 심적 질환을 앓고 있다고 합니다. 다만 그것이 치료를 받아야 할 정도냐 아니냐의 차이가 있을 뿐이라는 것입니다. 따라서 전문가들은 심리 상담이나 약물 치료를 부정적으로 생각하지 말고 적극적으로 받을 것을 권장하고 있습니다.

9절. 올바른 생활(정명)과 행복

정명(正命, samyag-ājīva)이란, '올바른 생활'이라는 뜻으로서 남에게 피해를 주지 않는 정당한 방법으로 의식주(衣食住)를 구하면서 생계를 유지하는 것을 말합니다.

<중아함경>에 "올바른 생활이란 부정한 수단을 떠나 정당한 방법으로 의식주를 얻어 생활하는 것이다."라며, 생계를 위한 정당성을 강조하고 있습니다.

[#1]

공동묘지 근처에 사는 사람이 어느 날 밤 무덤에서 자신을 부르는 소리를 들었다. 그러나 워낙 겁이 많아서 혼자 가보지 못하고 밝은 날 용감한 친구에게 그 얘기를 했다. 친구는 그 날 밤에 소리가 들려온 곳으로 함께 가보자고 했다.

겁쟁이 남자가 공포에 떨고 있는 동안에 친구가 공동묘지로 가서 소리에 귀를 기울였다. 친구가 "너는 누구며, 무엇을 원하느냐?"라고 물었더니 "나는 숨어 있는 보물인데, 누군가에게 보물을 주려고 어젯밤에 어떤 친구를 불렀는데 겁이 너무 많아서 다가오지도 못하더군. 자네는 용감해서 이걸 받을 만하니, 내가 내일 아침에 나를 따르는 일곱 명을 데리고 자네 집에 가서 보불을 줌세."라고 하였다.

다음날 아침에 용감한 친구 집에서 일곱 명이 저마다 황금이 가득한 항아리로 변해 있었다.

한편, 겁쟁이 남자는 무덤에서 들려 온 소리가 용감한 친구에게 황금 항아리를 안겨 주었다는 말을 듣고, 그 집을 찾아가서 그 소리를 제가 먼저 들었으니 황금 항아리가 자기 것이라고 우기며 자기 집으로 가져갔다. 그런데 이게 웬일인가? 집에 가져온 황금 항아리 속에서 수많은 뱀이 머리를 들고 달려들었다.

그 나라 임금이 이 소식을 듣고 황금 항아리는 당연히 용감한 친구의 것이라고 판결하고 다음과 같은 훈시(訓示)를 발표했다.

"세상 모든 일이 다 이렇게 귀결한다. 어리석은 자는 좋은 결과만 탐내고 겁이 많아서 아무 일에도 도전하지 못하므로 일마다 실패한다. 또, 제 마음의 갈등을 해결할 신념도 용기도 없어서 마음의 조화를 이루지 못해 항상 불안해한다."

[#2]

어느 날 뱀의 머리와 꼬리가 서로 제가 '앞'이 되겠다고 싸웠다. 꼬리가 머리에게 "우리 몸을 늘 너 혼자 선도하는 것은 공정하지 못한 일이니 이제부터는 내가 선도하겠다."라고 했더니, 머리는 "머리가 몸을 선도하는 것이 자연의 법칙이므로 우리는 서로 역할을 바꿀 수 없다."라고 응수했다.

머리와 꼬리의 싸움은 끝나지 않아 하루는 꼬리가 제 몸을 나무에 칭칭 감아 머리가 몸을 끌고 가지 못하게 했다. 그래도 앞으로 나아가려고 안간힘을 쓰던 머리는 결국 힘이 빠져 더 이상 움직일 수 없었다. 이에 꼬리가 나무에 묶인 몸을 풀고 제멋대로 몸을 끌고 가다가 그만 불구덩이로 굴러 떨어져 타 죽고 말았다.

[#1]은 <잡보장경>에 있는 이야기입니다. 우리에게 용기를 갖고 도전하지 않고서는 아무 것도 이룰 수 없음을 일깨워주고 있습니다.

[#2] 역시 <잡보장경>에 있는 이야기입니다. 자연계에는 항상 적합한 질서가 있고, 모든 자연물은 제각기 다른 역할이 있기 때문에 이 질서가 무너지면 모든 것이 제 구실을 못한다는 내용입니다.

정업, 즉 올바른 생활이란 직장인은 직장에서, 주부는 가정에서, 학생은 학교에서, 사회인은 사회에서 각기 자기가 맡은 일을 발전시키기 위해 용기로서 도전하면서 자기 역할을 다 하는 도리입니다.

<법구경>에서 "목수가 나무를 똑바르게 깎고, 활 만드는 사람이 화살의 균형을 잡고, 농부가 물이 원활하게 흐르도록 도랑을 파듯이, 현명한 사람은 마음이 원만하고 진실하게 제 구실을 다하도록 가다듬는다."라고 가르치고 있습니다.

자기의 역할을 다 하기 위해서는 맡은 일에 요구되는 지식이나 기술 등 역량을 높여나가야 합니다.

<숫타니파타(경집)>에서 "지식과 기술을 쌓고 그 위에 의사소통 능력이 뛰어난 것, 이것이 더없는 행복이다." 또, <본생경>에서 "우선순위에 따라 미리 준비하라. 막상 때가 닥쳐서야 허둥대며 당황할 필요가 어디 있겠는가. 시기가 임박해서야 비로소 기울이는 노력은 마땅히 할 일을 하지 않은 거나 다름없다."라며, 필요한 역량을 미리 갖추고 일에 임할 것을 설하고 있습니다.

아울러 <대길상경>에서 "분수를 지키며 더 많은 공덕을 쌓아야 한다고 생각하라. 이것이 최상의 행복이다." 또 <숫타니파타(경집)>에서 "올바른 목표를 세우고 공덕을 쌓으며, 분수에 맞게 살아라. 이것이 최상의 행복이다."라며 자기가 맡은 일에서 좋은 성과를 내기 위해 노력해야 함을 설하고 있습니다.

그리고 <법구경>에서는 "마음이 어리석어서 분수에 맞지 않는 특권과 승진과 이득과 명예를 갈망하는 사람은 항상 불만에

싸여 마음 편할 날이 없다."라며, 분수에 넘치는 승진이나 명예를 갈망해서도 안 됨을 경계(警戒)하고 있습니다.

한편, 우리가 일을 하면서 소기의 좋은 결과를 내기 위해서는 나쁜 습관이나 시대에 뒤떨어진 습관은 즉시 고쳐나가야 함을 일깨워주는 이야기가 <백유경>에 다음과 같이 설해져 있습니다.

어느 날 결혼 한지 얼마 안 된 남편이 아내가 차려온 뜨거운 밥상을 황급히 먹었다. 아내는 이상히 여겨 남편에게 말했다.

"여기는 도적도 없는데 무슨 급한 일이 있어 그처럼 바쁘게 드십니까?"

남편이 대답했다.

"좋은 일이 있는데 당신에게는 말할 수 없소."

아내는 그 말을 듣고 이상한 일이 있으리라 생각하고는 간절히 물었다.

남편이 한참만에야 대답했다.

"우리 조부 때부터 항상 음식을 빨리 먹는 법을 지켜왔소. 나도 지금 그것을 본받기 위해 빨리 먹는 것이오."

어리석은 사람은 온갖 그릇된 일을 행하면서 부끄럽다고 생각하지 않는다. 그래서 '우리는 조부 때부터 이런 법을 행했다.'고 하면서 죽을 때까지 끝내 그것을 버리지 않는다. 그것은 어리석은 사람이 빨리 먹는 습관을 좋은 법이라 생각하는 것과 같다.

특히, 우리가 일을 할 때에 갖는 '일에 대한 태도'는 행복한 삶에 크게 영향을 줍니다. 즉, 일에 대한 태도가 '생업(生業)'이냐, '출세(명예)'냐, '소명(召命)'이냐에 따라 행복 수준이 크게 좌우한다는 것입니다.

사람들은 자신의 일을 생업(生業), 출세, 소명(召命) 중 하나로 생각한다면서 자신이 하는 일을 '생업'으로 생각하는 사람은 자기실현보다 경제적인 보상에 초점을 맞추고 직장을 지루한 일을 해야 하는 곳으로 인식한다. 그들이 출근하는 이유는 회사에 가고 싶어서가 아니라 가야하기 때문이다. 한 달에 한 번 월급 받는 것 말고는 직장에 기대하지 않으며 주말이나 휴가만을 기다린다.

자신이 하는 일을 '출세'로 생각하는 사람은 주로 돈과 성공, 힘과 지위 같은 외부 요인에 따라 움직인다. 전임 강사는 교수로, 평교사는 교장으로, 부사장은 사장으로, 편집자는 편집장으로 승진과 승격이 되기를 기다린다.

자신이 하는 일을 '소명'으로 생가가하는 사람에게는 일 자체가 목적이다. 보수도 중요하고 출세도 중요하지만 무엇보다 그가 일을 하는 이유는 스스로 원하기 때문이다. 그는 내적인 동기에 따라 움직이고 자신의 일에 만족한다. 그의 목표는 자기일치적(自己一致的)이다. 열심히 일하고 일에서 자기실현을 이끌어낸다. 일하는 것을 의무가 아닌 특권으로 인식한다.

우리가 일을 생업, 출세, 소명 중 무엇으로 인식하는가는 직장 뿐 아니라 다른 분야에서 느끼는 행복에도 영향을 준다.

이는 탈 벤 샤하르 교수가 그의 책 《해피어》에서, 직장인이 행복한 직장생활을 하려면 일에 대해 소명의식을 갖는 것이 중요함을 강조하기 위해 인용한 내용입니다. 그는 "인간은 행복해지기를 원하고 행복해지기 위해 일을 해야 한다."라고 주장하고 있습니다.

◎ '일'은 행복한 삶을 누리는 터전입니다

뉴욕대학 심리학 에이비 브제스니에프스키 교수와 동료들이 연구한 아래의 '병원 청소부들의 소명의식'은 너무나 유명한 내용입니다.

병원 청소부들을 자신의 일을 따분하고 무의미한 것이라고 생각하는 그룹과 재미있고 의미가 있다고 생각하는 그룹으로 나눌 수 있다.

두 번째 그룹의 병원 청소부들은 간호사, 환자, 방문객들과 좀 더 긴밀한 관계를 맺고 자진해서 환자와 병원 직원들을 기분 좋게 해주려고 애썼다. 또한, 자신의 일을 넓은 맥락에서 생각하고 적극적으로 의미를 부여했다. 단지 쓰레기를 치우고 더러운 빨래를 세탁하는 것이 아니라, 스스로가 환자들의 건강과 병원의 원활한 운영에 기여하고 있다고 생각했다.

궁극적인 가치를 부여하는 문제에서는 일을 인식하는 방식이 일 자체보다 더 중요할 수 있다. 자신이 하는 일이 세상을 바꿀 수 있다고 믿는 병원 청소부는 자신의 일에서 의미를 느끼지 못하는 병원 의사보다 더 행복하다.

연구자들은 미용사와 IT기술자, 간호사, 요리사를 대상으로 한 연구에서도 유사한 경향을 찾아냈다. 자신의 일이 가치있다고 믿는 사람들은 고객이나 동료 직원들과 의미있는 관계를 창조했다.

엔지니어들 역시 마찬가지였다. 일의 기술적인 면을 넘어 솔선수범해서 팀을 이루고 관계를 맺어 조직이 원활하게 움직이도록 하는 역할을 하고 있다고 생각하는 사람들은 자신이 회사의 성공에 중요하게 기여하고 있다고 느꼈다. 따라서 자신이 하는 일을 생업(生業)이 아닌 소명으로 생각했다.

특히, 탈 벤 샤하르 교수는 직장생활이 행복하기 위해서는 "직장인 스스로 적극적인 태도로 일터에서 의미와 즐거움을 추구하고 만들어야 한다."라고 강조하고 있습니다. 그는 만약 "부모와

교사, 사장, 정부 등 다른 사람을 탓하고 불평하면 동정을 받을 수 있을지는 몰라도 행복해지지는 않는다."라며, 구체적으로 "어떤 일에서든 궁극적인 가치를 취해 필요한 조건을 재구성할 수 있다. 예를 들어, 직장에서 시키지 않아도 스스로 분명한 목표를 정하고 도전함으로써 몰입을 경험할 수 있다. 하고 싶은 일을 하면 좀 더 책임감을 갖고 열심히 참여할 수 있다."라고 충고하고 있습니다.

불가(佛家)에 '일일부작(一日不作) 일일불식(一日不食)' 즉 '하루 일하지 않으면 그날은 먹지 않는다'라는 말이 있습니다. 일은 삶의 필수일 뿐만 아니라 일은 하나의 수행입니다.

한편, 벤 샤하르 교수는 일을 할 때에는 "관심과 흥미가 있고 열정을 느끼며 열심히 하는 것이 당연하다. 열정을 느끼지 못하는 일은 게을리 하게 되지만, 열정을 느끼는 일은 더욱 열심히 하게 되고, 시간이 지날수록 실력이 점점 더 늘게 된다."라고 주장하고 있습니다.

요컨대, 사람들이 행복하기 위해서는 무엇보다도 자신의 일에서 '의미'와 '즐거움'을 찾는 것이 중요하며, 따라서 소명의식을 갖고 성과 창출에 기여하고, 책임감을 갖고 성실히 일하며, 열정적으로 일할 것을 충고하고 있습니다.

'의미와 즐거움 찾기' 그리고 '소명의식'이나 '성실성'과 '열성'은 직장인들의 행복한 직장생활을 위해 필요한 요소일 뿐 아니라. 가족들의 집안 일, 학생들의 학업, 기타 사회활동 등에도 마찬가지로 필요한 요소입니다. 그러한 요소들은 일을 하면서 '알아차림'함으로써 증장(增長)시킬 수 있습니다.

이에, 존 카밧진 교수는 "직무(일) 수행에 불교명상의 '알아차림'을 적용하면 무슨 일에 종사하든 일을 통해 삶의 질을 크게 향상시킬 수 있다. 왜냐하면, 알아차림을 하게 되면 더 좋은 의사결정을 하고, 더 효과적으로 의사소통하며, 더 효율적으로 일을 함으로써 하루의 일과를 마치고 보다 행복한 마음으로 직장을 나서게 될 수 있기 때문이다."라고 강조하고 있습니다. 다시 말해, 일을 할 때 그때그때 자기가 무슨 일을 어떻게 하고 있는지 '깨어있는' 상태를 유지하게 되면 보다 창의적이고 생산적으로 처리할 수 있다는 것입니다. 나아가 스트레스를 받더라도 현명하게 대응하게 되고, 따라서 행복감도 증진된다는 것입니다.

화엄사 석탑(국보 제12호)

한편, 행복한 사람은 창의성이나 생산성이 훨씬 높다는 연구 결과가 많이 있습니다. 코넬대학 심리학 앨리스 아이센 교수팀은 지난 20여 년 동안의 연구를 통해 긍정적인 감정과 행복감이 창의성과 문제해결 능력을 눈에 띄게 향상시킨다는 사실을 입증했습니다.

그들은 한 그룹에게는 코미디 영화를, 다른 그룹에게는 평범한 영화를 보여줬습니다. 그리고는 압정 한 상자, 성냥 한 묶음, 양초 하나씩을 나눠주면서 양초를 판 위에 불을 켤 수 있는 상태로 부착하라는 과제를 주었습니다. 평범한 영화를 본 사람들 중 단지 20%만이 이 문제를 해결했습니다. 그러나 놀랍게도 코미디 영화를 보고 한바탕 즐겁게 웃었던 그룹에서는 75% 이상이 이 문제를 해결했습니다.(방법은 압정 상자에서 압정을 모두 꺼낸 후, 상자의 한 면에 압정을 여러 개 박아 벽에 고정시키고 성냥 불로 양초 밑을 약간 녹여 상자에 올려놓고 촛불을 켜는 것입니다.)

노스캐롤라이나대학 심리학 바바라 프레드릭슨 교수 역시 "여러 가지 연구 결과 '행복감은 창의력과 문제해결 능력을 높여준다'는 사실을 알 수 있었다."라고 주장하고 있습니다.

최근 한 연구에서 미국 직장인 272명의 긍정적 감정, 즉 행복감을 측정한 후 행복감이 높은 사람들이 수행(遂行)한 업무 성과를 18개월 동안 평가해보았습니다. 그 결과 행복한 사람들은 상

사로부터 더 좋은 평가를 받았으며, 월급 또한 높다는 것을 알 수 있었습니다.

또, 미국 대학생들의 삶을 장기적으로 추적한 결과 대학시절에 행복하고 쾌활한 성격을 보인 학생들이 그 당시 행복감이 낮았던 학생들보다 20년 후에 3만 달러 더 높은 연봉을 받고 있었다고 합니다.

직장인들은 일에 대한 불만을 종종 털어놓습니다. 그렇지만 가장 불행한 사람은 실직자나 여러 이유로 직장에 다닐 수 없어 경제 활동을 하지 못하는 사람이라는 조사 결과가 있습니다. 영국 위릭대학의 앤드루 오스왈드 교수가 진행한 조사 결과를 보면 실직(失職)으로 인한 정신적인 피해는 이혼(離婚)보다 더 컸습니다. 그는 "일을 하지 않는다면 진정한 의미의 휴일도 없는 것이다."라며 일이 행복의 터전임을 강조하고 있습니다.

인간은 누구나 일을 해야만 하고, 또한 일을 함으로써 행복을 누릴 수 있습니다. 그러므로 일과 행복은 서로 보완적이고 상승적인 관계에 있습니다. 우리는 일을 통해 돈만 얻는 것이 아닙니다. 일에서 얻는 만족감을 통해 행복한 인생을 살아갈 수 있는 것입니다. 그것은 급여를 받는 직장뿐만 아니라 농업·어업에 종사하는 것은 물론, 가사(家事)나 아이들·연로(年老)한 사람들을 돌보는 것처럼 무보수의 일을 할 때도 마찬가지입니다.

10절. 올바른 노력(정진)과 행복

정진(正進, samyag-vyāyāma) 또는 정정진(正精進)이란, '올바른 노력'이라는 뜻으로서 깨달음, 즉 최고 행복을 실현하기 위해 용기를 갖고 끊임없이 노력하는 것입니다. 다시 말해, 목적 또는 목표 달성(성취)을 위해 헌신하는 것입니다.

<유교경(遺敎經)>에 이런 가르침이 있습니다. "만약 부지런히 정진하면 일에 어려움이 없을 것이다. 그러므로 너희들은 마땅히 부지런히 정진하는 바 있어야 할 것이니, 끝없는 정진 앞에는 못 이룰 일이 없는 것이다."

어떤 곳에 칠보(七寶)로 된 산이 있고, 그 산에 맑은 샘이 있는데 물맛이 매우 좋았다. 그 산에 가는 사람은 가난을 영원히 면하며 그 물을 먹으면 만 년을 살 수 있지만 길이 멀고 험해서 가기가 어려웠다.

어느 날 두 사람이 함께 길을 떠나는데, 한 사람은 필요한 행구(行具)를 준비하였고, 다른 한 사람은 빈손으로 아무것도 가진 것이 없었다. 함께 가다가 길에서 한 사람을 만났다. 보물을 많이 가지고 오는데 칠보가 그득하였다. 두 사람은 그에게

다가가서 물었다.

"여보시오. 그 곳에 참으로 칠보산이 있습니까?"

그는 이렇게 대답했다.

"거짓이 아니라 진짜로 있소. 나는 보물을 많이 얻었고 그 물도 먹었소만, 길이 워낙 험하고 도적이 많고 자갈밭과 가시밭뿐이라오. 가는 길에 물도 풀도 없어서 가는 사람은 천 명, 만 명이지만 도착한 사람은 대단히 적소."

이 사실을 듣고 한 사람은 후회하면서 이렇게 말했다.

"길이 그렇게 멀고 고생이 한두 가지가 아닌데, 가는 사람은 많으나 도착한 사람은 몇 사람 안 된다고 하니, 난들 어떻게 갈 수 있겠는가? 지금 나의 살림은 그런 대로 살아갈 수 있는데, 거기를 가다가는 혹시 죽을지도 모른다. 몸을 보전하지 못하면 장수가 무슨 소용인가?"

그러나 다른 한 사람은 이렇게 말했다.

"다른 이도 도착한 사람이 있으니 나도 갈 수 있을 것이다. 만일 가기만 하면 소원을 이루고 보물도 많이 얻고 장수하는 물도 마실 것이다. 만일 이르지 못하면 죽기로 작정하리라."

한 사람은 후회하여 돌아서서 집으로 돌아왔고, 한 사람은 계속 가서 그 산에 도착했다. 그는 보물을 많이 얻었고 물도 마음껏 먹었으며, 많은 보배를 가지고 집으로 돌아와서 부모를 봉양하고 어려운 친척들까지 보태주었다.

이는 <열반경>에 있는 이야기입니다. 칠보산은 깨달음(최고 행복)의 세계, 맛있는 물은 불성(佛性), 험악한 길은 생사(生死), 길에서 만난 사람은 부처님, 도적이 있는 것은 장애, 자갈밭과 가시밭은 고통과 번뇌, 물도 풀도 없는 것은 수행을 익히지 않음을 비유하는 것입니다. 그리고 중간에 집으로 돌아온 사람은 퇴전(退轉)의 수행자를, 곧장 간 사람은 불퇴전(不退轉)의 수행자를 비유한 것입니다. 깨달음, 즉 최고 행복을 이루기 위해서는 용기를 갖고 끊임없이 노력해야 한다는 것을 일깨워주고 있습니다.

또한, <아비달마비바사론>에 느리고 우둔한 말과 영리하고 날쌘 말이 경주(競走)를 하는 이야기가 있습니다. 느리고 우둔한 말은 자신의 우둔함을 알고 열심히 달렸고, 영리하고 날쌘 말은 자신이 날쌔다는 것을 믿고 게으름을 피웠습니다. 결국 느리고 우둔한 말이 이겼습니다. 목적지는 깨달음(최고 행복)의 세계를, 우둔한 말은 불방일(不放逸)을, 날쌘 말은 방일(放逸)을 비유한 것입니다.

이에, <유교경(遺教經)>에서 "부지런히 정진한다면 어려운 일이 없을 것이다. 그러므로 수행자는 부지런히 정진해야 한다. 이를테면, 낙숫물이 떨어져 돌을 뚫는 것과 같다. 수행자가 마음이 게을러서 정진을 쉬게 되면, 그것은 마치 나무를 베어서 불씨를 얻으려 할 때 나무가 뜨거워지기도 전에 그만두는 것과 같다. 그는 아무리 불씨를 얻고자 해도 얻지 못할 것이다."라고 설하고 있습니다.

정진 수행(실천)은 너무나도 중요하기 때문에 이를 비유적으로 설한 것이 이 외에도 많이 있습니다.

이를테면, <열반경>에 "방일하지 않음은 모든 도(道)의 뿌리이고 모든 선(善)의 근본이다. 모든 짐승의 발자국 가운데 코끼리 발자국이 제일 크고, 모든 빛 중에서는 햇빛이 제일인 것처럼 불방일은 모든 선행 중에서 첫째가는 선행이다." 또, <법구경>에 "어리석은 자는 방일에 빠지고 지혜로운 사람은 정진하기를 보배로운 재물을 지키듯이 한다." 그리고 <화엄경>에 "만약 어리석음을 없애서 해탈(최고 행복을 성취)하려고 한다면 굳은 결심으로 용맹 정진해야 한다. 나무가 젖어 있으면 약한 불은 꺼지고 말듯이 가르침을 들었어도 게으른 자는 그와 같다. 불을 지필 때에 태우다 말다 하면 마침내 꺼지고 말듯이 게으른 자도 그와 같다. 눈을 감고서는 달빛을 보려고 해도 볼 수 없듯이 게으른 자가 법을 구하는 것도 그와 같다." 등이 그 것입니다.

한편, <팔지성도경>에서는 정진을 다음과 같이, 악을 제거하고 선을 증장(增長)시키는 올바른 노력이라고 설하고 있습니다.

첫째는 이미 발생한 악을 영원히 단절하려면 근면하게 정진해야 한다.

둘째는 아직 발생하지 아니한 악은 앞으로도 영원히 생겨나지 않도록 부지런히 정진해야 한다.

셋째는 아직 생겨나지 않았으면 착한 마음이 생겨나도록 근면하게 정진해야 한다.

넷째는 이미 생겨난 착한 마음은 앞으로도 더욱 증장(增長)하도록 부지런히 정진해야 한다.

정진은 깨달음, 즉 최고 행복으로 가는 길입니다. 특히, 불교 명상을 수행하는데 있어서 정진은 매우 중요한 덕목입니다. 모든 면에서 그렇듯이 노력 없이 이루어지는 것은 이 세상에 하나도 없기 때문입니다.

매일 바쁘게 생활을 하다보면 불교수행(실천)에 여러 가지 걸림돌에 부딪칠 수 있습니다. 다만 누가 걸림돌을 극복하느냐 못하느냐가 중요할 뿐입니다.

<사십이장경>에서 "수행은 마치 나무토막이 좁은 시냇물을 지나 큰 바다로 흘러가는 것과 같다. 오른쪽 기슭에도 걸리지 않고, 왼쪽 기슭에도 걸리지 않아야 한다. 또, 소용돌이에 휘말려

멈추거나 썩지도 않아야 한다. 그래야만 온전히 바다로 들어가게 된다. 수행자는 이 나무토막과 같아서 여러 가지 환경에도 흔들리거나 걸리지 않으면 반드시 깨달음을 얻을 것이다."라고 설하고 있습니다.

소설가 로버트 퍼시그는 ≪선(禪)을 찾는 늑대≫에서, 고승(高僧)들과 히말라야 등정을 함께했던 일화를 이렇게 소개하고 있습니다.

퍼시그는 원정대에서 가장 젊은 사람이었는데도 유일하게 어려움을 겪었습니다. 결국 그는 등정을 포기해야만 했고 고승들은 힘들이지 않고 정상까지 올라갔습니다. 산 정상에 도달하겠다는 목표에 초점을 맞춘 퍼시그는 앞으로 가야 할 길이 막막해서 등반 자체를 즐길 수 없었고, 따라서 계속 올라가겠다는 의욕과 의지를 잃은 것입니다.

그러나 고승들은 자신들이 올바른 방향으로 가고 있다는 것을 알고 올라가면 됐지, 산 정상에 도달하는 것은 중요하지 않았기 때문에 계속 올라갈 수 있었습니다. 그들은 여정을 걱정하지 않고 히말라야를 오르고 있는 현재에 초점을 맞춰 등반을 즐겼던 것입니다.

어떤 목표를 세우고, 그 목표 달성을 위해 용기를 갖고 노력하는 정진(精進)은 다른 말로 표현하면 '헌신(獻身)'이라고 할 수 있습니다. 헌신은 몸과 마음을 바쳐 있는 힘을 다하는 것을 의미합니다. 따라서 정진이나 헌신은 무엇인가를 성취하기 위해 열심히 노력하는 공통점이 있습니다.

◎ 목표에 '헌신'하면 행복해집니다

정진(또는 헌신)이 행복과 어떤 관계가 있는지에 대해서 행복학자의 견해를 통해 알아보기로 합니다.

오스트리아 출신의 정신과 의사인 베란 울프라는 '목적 없이 자신에게만 빠져있는' 환자들의 슬픔과 고통을 분석한 후 자신의 철학을 다음과 같이 요약했다. '정말로 행복한 사람은 배를 만들거나, 교향곡을 작곡하거나, 아이들을 교육시키거나, 정원에서 화초를 기르거나, 고비 사막에서 공룡 알을 찾고 있는 사람이다.'

그의 말이 옳다. 무슨 일이든 자신이 중요하다고 생각하는 것을 추구하는 사람은 그렇지 않은 사람보다 훨씬 행복하기 때문이다.

꿈이나 목표가 없는 사람은 방향을 잃게 되고, 행동하게 만드는 자극이 없어지고, 존재할 이유가 없어져서 삶의 길을 잃게 된다.

헌신적인 목표 추구가 그토록 중요한 이유는 우리에게 목석의식을 주며 자신이 삶을 주도하고 있다고 느끼게 해줌으로서 행복감을 더해주기 때문이다.

또, 목표를 가지면 자극을 받아 자신감과 능력을 자각하게 되고, 이는 기쁨과 자긍심을 고양시켜서 행복을 증진시키며, 목표 달성을 위해 계속 노력하도록 우리에게 동기를 부여한다.

이는 소냐 류보머스키 교수가 쓴 ≪행복 증진 전략≫에서 언급한 내용입니다.

요컨대, 의미있는 목표(목적, 꿈, 희망)를 추구해 나가는 정진(또는 헌신)이 우리를 인간적으로 성장할 수 있게 해주고 정서적으로 성숙하고 공동체에 공헌할 수 있게 해줌으로써 우리 자신을 더 행복하게 하는 중요한 전략 중 하나라는 것입니다.

따라서 류보머스키 교수는 우리가 더 행복해지기 위해서는 의미있는 목표를 선택해서 시간과 노력, 그리고 열정을 쏟아야 한다고 강조하고 있습니다. 즉, 헌신적으로 열심히 노력해야 한다는 것입니다. 목표에 헌신하는 것은 자율성의 느낌을 강화시켜 주고, 자기 회의감으로부터도 보호해주며, 자신의 운명을 주도하며, 자신에 대한 통찰을 얻는데 도움이 된다는 것입니다.

어떤 목표든 정진, 즉 헌신적인 노력을 통해 이루어진다는 것은 너무나 당연한 사실입니다. 음악계를 예를 들어보면 '밤샘의 성공 신화'가 대부분입니다. 성공한 사람들은 대부분 만족스러운 업적을 이루기까지 오랫동안 열심히 노력했습니다. 그런데 우리는 성공한 사람들이 이룬 최종 결과만 보고 그들이 투자한 에너지와 시간을 과소평가하려는 경향이 있습니다. 그리고 그들의 천재성은 우리가 도저히 접근할 수 없는 것으로 결론을 내버립니다.

한편, 헌신적인 노력이 행복을 증진한다는 것을 '몰입(flow)'에서 찾는 학자들도 있습니다. 긍정심리학계에서 몰입 이론의 대가(大家)로 알려진 미하이 칙센트미하이 교수는 사람들이 가장 만족하는 순간은 '흐름에 몸을 맡기듯' 무언가에 집중할 때라고 말했습니다. 그 집중하는 때가 바로 몰입이라는 것입니다. 그를 비롯한 많은 전문가들은 '진정한 행복은 온 정성을 다하여 노력함으로써 어떤 일에 몰두하는 바로 그 순간에 느끼는 심리적 상태'라고 주장하고 있습니다. 위에서 살펴

무위사 극락보전(국보 제13호)

본 바와 같이, 온 정성을 다하여 노력하는 것이 바로 정진(精進)

이요, 헌신입니다.

우리가 불교수행, 특히 불교명상을 할 때 기쁨이나 행복을 느끼는 것도 몰입에서 오는 것이라고 볼 수 있습니다. 호흡이나 화두에 정신집중을 하면 몰입은 자연히 생깁니다. 물론, 몰입을 위해 불교명상을 하는 것은 아닙니다, 불교명상 과정에서 몰입이 필연적·부수적으로 생기는 것입니다.

몰입을 경험하는 사람들은 자존감이 더욱 높아지며, 삶에 더욱 열중하고, 자신의 강점을 더욱 잘 개발할 수 있다는 것이 칙센트미하이 교수팀의 연구에서 밝혀지고 있습니다. 사람들이 일에 몰두할 때, 또는 학생들이 공부에 몰입할 때 행복한 순간을 맞는 경우가 많다는 것입니다. 이와 관련한 칙센트미하이 교수의 연구 결과는 다음과 같습니다.

우리는 체육인과 외과의사, 지휘자를 비롯해 고도의 집중을 요하는 직업에 종사하는 다양한 사람들과 인터뷰를 했다. 또한, 아주 평범한 직업에 종사하는 수백 명의 회사원이나 노동자들과도 이야기를 나누었다. 그렇게 해서 우리가 도달한 결론은 집중력이 고조된 순간에 겪는 경험은 모든 사람들이 서로 유사하며, 행위의 종류와는 상당 부분 무관하다는 사실이었다. 이에 만족하지 않고 그들의 감정을 규칙적으로 설문지에 기록하게 했다. 이로써 사람들이 여가 시간을 사실과 다르게 평가하고 있음을 확인했다. 대체로 질문에 응한 사람들은 저녁시간이나 주말에 쉴 때보다 집중적으로 일할 때 더 좋은 기분 상태에 있었다. 공장에서 일하는 사람들도 쉴 때보다 일할 때 2배 이상 더 좋은 느낌을 받는 경우가 잦았다. 회사원들이나 매니저들의 경우 이 수치는 더 높았다.

이것은 공장의 작업대나 사무실이 집의 뜰보다 더 좋은 환경을 제공해주기 때문이 아니다. 오히려 사람들이 일터에서는 무언가에 몰두하도록 요청받고 그로써 기분이 상승되기 때문이다. 그에 반해 집에서는 무기력하게 지내기가 쉽다. 인터뷰 대상자들은 쉴 때 3배 이상 더 자주 기분 나쁜 무력감을 느꼈다고 보고했다.

불교수행(특히 불교명상)을 수행할 때 처음에는 실천 의지를 굳게 하다가 바쁜 생활 때문에 며칠 거르거나, 수행의 진전을 체험하지 못하거나 하면 중도에 포기하는 경우가 있을 수 있습니다.

그럴 때는 초발심의 마음으로 되돌아가거나 실천(수행) 다짐의 표지를 부착하거나 매일 실천에 헌신하겠다고 다짐하는 등의 새로운 실천을 위한 자기 동기부여가 필요합니다. <법구경>에 "과거에 게을렀어도 이제는 게으르지 않는 사람, 그는 마치 구름 사이를 뚫고 나온 달처럼 세상을 비출 것이다. 일찍이 자신이 지은 악업을 선업으로 씻는 사람, 그는 마치 구름 사이를 뚫고 나온 달처럼 세상을 비출 것이다."라고 설하고 있습니다.

소냐 류보머스키 교수의 주장에 의하면, 무엇인가를 하려는 동기가 강할수록 그 일에 노력을 투자할 가능성이 높고, 따라서 무엇인가가 실현되는 것이 분명한 사실임을 많은 연구에서 확인해 준다는 것입니다.

그러므로 류보머스키 교수는 "더 행복하게 되는 것이든 금연을 하는 것이든 질병을 치료하는 것이든 어떤 변화를 일으키려면 실천이 핵심이다."라고 강하게 주장하고 있습니다. 그야말로 헌신적인 노력(정진)은 모든 것을 가능하게 하는 강력한 에너지의 원천입니다.

*　　*　　*

이상으로 깨달음, 즉 최고 행복으로 가는 열 가지 불교수행(실천) 덕목인 '불교명상(마음챙김)', '정견(올바른 견해)', '정사(올바른 사유)', '보시(널리 베품)', '지계(윤리적 생활)', '인욕(참고 이겨냄)', '정어(올바른 언어생활)', '정업(올바른 생위)', '정명(올바른 생활)', '정진(올바른 노력)'과 관련하여 주로 행복학자들의 연구 결과를 통해 그것들이 행복과 어떻게 영향을 주고 있는지 등에 대해 살펴보았습니다.

결국, 불교수행(실천) 덕목들 모두가 행복 증진에 크게 영향을 주는 것으로 밝혀지고 있습니다. 이러한 사실은 현대행복학뿐만 아니라 심신의학이나 뇌과학 등에서도 검증되고 있습니다.

부처님은 일찍이 2600년 전에 최고 행복인 깨달음을 실현하기 위해 출가(出家)를 하였고, 6년간의 수행 끝에 마침내 출가 목적을 이루었으며, 우리에게 최고 행복인 깨달음으로 가는 길을 체계적·구체적으로 제시하였습니다. 이와 같이 불교는 행복이 전부입니다. 즉, 불교는 행복 그 자체입니다.

따라서 현대행복학은 앞으로도 불교수행 덕목 등에 좀 더 가까이 접근하게 될 것입니다. 왜냐하면, 현대행복학의 창시자로 알려진 일리노이대학 에드 디너 교수 말대로 불교가 본래 내포하고 있는 '행복을 다루는 개방적인 방법들'이 현대행복학자들의 가설(假說)이나 검증에 풍부한 아이디어를 제공할 것이기 때문입니다. 그야말로 미국의 위대한 심리학자 및 철학자로 추앙받고 있는 하버드대학 윌리엄 제임스(1842~1910) 교수가 90여년 전에 "불교가 서양의 심리학(행복학)에 주된 영향을 줄 것"이라고 예측한대로 말입니다.

중요한 것은 앞에서 살펴본 바와 같이, 10가지 불교수행(실천) 덕목들은 초월적이거나 우리의 삶과 동떨어져 있는 것들이 아니라는 점입니다. 모두가 우리의 일상생활과 밀접하게 관련된 것들입니다. 따라서 일상생활에서 하나하나 실천하다보면 우리의 행복 수준이 점점 더 높아질 것입니다.

높아진 행복 수준은 <법구경>에 '향을 싼 종이에서는 향내가 난다.'라는 가르침이 있듯이 우리의 몸과 마음에 그대로 스며들 것입니다. 아울러 <사십이장경>에 "저 횃불과 같아서 비록 수백, 수천 명이 와서 그 불을 붙여간다 할지라도 저 횃불은 그로 인하여 조금도 줄어들지 않는다. 행복도 또한 그와 같다."라고 설하고 있듯이 우리 모두가 높은 수준의 행복을 함께 누릴 수 있을 것입니다.

이제 남은 것은 실천입니다. 실천은 행동입니다. 소냐 류보머스키 교수는 우리가 행복하게 살아가는 방법 중에서 가장 좋은 방법은 "스스로 행복한 사람처럼 '행동'하며 살아가는 것."이라고 강조합니다.

류보머스키 교수는 《행복 증진 전략》에서 이렇게 주장하고 있습니다.

놀랍게도 정말 행복한 사람처럼 미소 짓고 몰두하고 에너지와 열정을 흉내 내면 행복에 따르는 유익, 즉 미소에 대한 답례, 돈독한 우정, 일터나 학교에서의 성공 등을 얻을 수 있을 뿐만 아니라 정말로 더 행복해진다.

수십 년간의 연구가 이러한 지혜를 뒷받침해주는데 '얼굴 표정 피드백 가설'이 특히 그렇다. 다윈 교수는 감정을 밖으로 드러내서 자유롭게 표현하면 그 감정이 강화된다는 견해로 이 아이디어를 예견했다. 다시 말해 행복감(또는 두려움이나 혐오감)을 신체적으로 표현해 보이면 당신도 그것을 적어도 약간은 느낄 수 있게 된다는 것이다. 미간을 펴고(또는 찌푸리고) 미소 주름을 만들고(찡그리고) 손을 펴면(주먹을 꽉 쥐면) 그대로 기쁨(짜증)을 더 많이 체험하게 될 것이다. 이 개념에 따르면, 당신의 얼굴과 몸 그리고 음성이 뇌에 신호, 즉 피드백을 보내서 당신이 특별한 감정을 느끼고 있다고 알려주면 뇌가 놀랍게도 그것을 실제로 느끼게 이끌어준다.

스트랙 교수와 동료들이 흥미로운 실험을 했다. 참가자들에게 마치 미소를 짓는 것처럼 사인펜 중앙을 이빨로 문 팀과, 마치 찌푸린 것처럼 사인펜 한쪽 끝을 오므린 입술에 문 팀에게 각각 당시의 시사만화를 보여주고 그것이 얼마나 재미있는지 평가하라는 지시를 했다. 그 결과 자신도 알지 못하는 사이에 얼굴 근육을 미소 지을 때처럼 만들고 있었던 참가자들이 찌푸리는 표정을 지었던 참가자들보다 만화를 더 '유머스럽다'고 평가했다.

이 연구나 그와 비슷한 다른 많은 연구들은 얼굴 표정과 사세를 취하는 것만으로도 기쁨을 체험하는데 상당한 도움을 받을 수 있다는 사실을 알려준다.

마찬가지로 우리가 아직은 최고 행복(깨달음)을 실현하지는 못했지만 최고 행복을 실현하는데 필요한 10가지 실천(수행) 덕목, 즉 ①불교명상하기, ②올바른 견해 갖기, ③올바른 사유하기, ④널리 베풀기, ⑤윤리적 생활하기, ⑥참고 이겨내기, ⑦올바른 언어생활하기, ⑧올바른 행위하기, ⑨올바른 생활하기, ⑩올바른 노력하기 등에 대해 모두 10점 만점이 되지는 못하지만 부족한 점을 끌어올리기 위해 실천(수행)하면서 10점 만점을 다 갖춘 사람처럼 행동하면 정말로 10점 만점의 최고 행복은 아닐지라도 그에 가까운 높은 수준의 행복을 누릴 수 있습니다.

이와 같은 논리는 '행동이론'과 '기대이론'에 근거합니다. 행동이론이란 사람의 행동을 변화시키기 위해서는 사고를 변화시키는 것보다 행동 자체를 변화시키는 것이 더 효과적이라는 것입니다. 즉, 사고를 변화시킴으로써 바람직한 '행동'의 변화를 도모하는 것도 좋은 방법이지만, 반대로 '행동'을 변화시킴으로써 '사고'를 변화시키는 것이 더 효과적이라는 것입니다. 즉, 행복하기 위해 나의 '사고'를 변화시키기 보다는 행복한 사람처럼

'행동'하는 것이 더 효과적이라는 것입니다. <열반경>에 "마음이 정도(正道)를 행하면 반드시 행복과 만족과 깨달음이 따른다."라는 가르침이 있습니다.

그리고 기대이론이란 어떤 노력이나 행동은 실제로 원하는 결과가 나타날 것이라는 '기대'에 의해 좌우된다는 것입니다. 즉, 사람들은 원하는 수준의 결과가 나타난다고 믿으면 그에 상응하는 노력을 계속할 것이고 그렇지 않으면 노력을 그만둔다는 것입니다. 그러므로 최고 행복의 실현을 위해 그에 상응하는 노력을 하면 자연히 높은 수준의 행복을 누릴 수 있다고 기대하면서 노력하고 행동하라는 것입니다. <능엄경>에 "마음을 평탄하게 하라. 그러면 온 세상이 평탄해진다."라는 가르침이 있습니다.

하버드대학 의과대학 스리니바산 필레이 교수는 《두려움 - 행복을 방해하는 뇌의 나쁜 습관, Life Unlocked》에서, 뇌의 중추는 우리가 내리는 지시에 따른다고 설명합니다.

즉, 우리가 희망에 관심을 집중하면 뇌의 중추는 희망을 처리하기 위해 에너지를 씁니다. 반대로 우리가 절망에 관심을 집중하면 뇌의 중추는 절망을 처리하기 위해 에너지를 씁니다. 이와 같이, 뇌는 절망이든 희망이든 어떤 것이 가능하다고 기대하면 그쪽으로 항로를 정합니다. 즉, 우리가 희망을 품으면 뇌는 희망에 맞는 길을 준비하고, 절망을 하면 설망에 맞는 길을 준비한다는 것입니다.

필레이 교수는 이것을 '운동 지도'라고 불렀습니다. 운동 지도는 우리가 기대하고, 이루려고 꿈꾸는 것을 바탕으로 뇌가 만드는 지도입니다. 운동선수들이 어떤 목표를 정하고 꾸준히 노력하면 실제로 기록이 좋아지는 것도 운동 지도 때문입니다.

[맺음말]

우리는 현대행복학자들의 연구 결과에 의해, 현대 사회가 물질우선주의 인식으로 인해서 물질(경제)적으로는 성장 발전했지만 행복 수준은 오히려 떨어짐으로써 정서적으로 파산할 위기에 이르고 있다는 사실을 이해할 수 있었습니다. 아울러, 정서적 파산을 막기 위해서는 물질우선주의에서 행복우선주의로 우리의 인식을 전환해야 한다는 사실도 이해할 수 있었습니다.

그리고 그 구체적인 해결책으로서 불교─'현대행복학의 창시자로 알려진 미국 일리노이대학 심리학 에드 디너 교수의 주장대로 '행복을 다루는 개방적인 방법들로 특별히 잘 알려진 종교'─가 본래 내포하고 있는 행복, 즉 불교행복에 대해서 구체적·체계적으로 살펴보았습니다.

특히, 우리 '인간의 본성'은 '불성(佛性)'으로서 최고 행복 그 자체요, '우주만유의 실상'은 '진여체(眞如體)'로서 최고 행복 그 자체요, 우리가 살고 있는 '이 세상'은 '열반(涅槃)의 세계'로서 최고 행복의 세계 그 자체라는 세 가지 중요한 사실도 이해할 수 있었습니다.

앞에서 언급한 바와 같이, 2016년 3월 9일 인류역사상 하나의 큰 사건이 우리나라에서 일어났습니다. 인공지능의 '알파고 (AlphaGo)'가 세계 최강의 바둑기사인 이세돌 9단을 4대1로 이긴 것입니다. 프랑스 르몽드(신문)는 "이번 경기로 인공지능 (AI)과 인간 모두에 새로운 시대가 열렸다."라고 평가했습니다.

특히, 이 사건과 관련해서 이스라엘 히브리대학 역사학 교수이자 베스트셀러 《사피엔스》의 저자인 유발 노아 하라리는 우리나라의 한 신문과의 이메일 인터뷰에서 이렇게 말했습니다. "2100년이면 현대 인류인 '호모 사피엔스(Homo sapiens)'는 사라지고 인간과 기계가 결합된 '호모 사이보그(Homo cyborg)'가 나타날 것이다."28) 중요한 것은 하라리 교수가 "호모 사이보그가 된다 해도 인간이 '인간성'을 잃지 않아야 한다."라고 강조한 점입니다. 그렇기 위해서 "인간이 끝까지 인간다움을 간직할 수 있는 비결은 '마음'에 있다. 지금부터 '마음'에 대한 연구를 강화해야 한다."라고 그는 강조했습니다.

---

28) 한편, 평생 인공지능(AI)을 연구해 온 미국의 대표적인 컴퓨터 과학자이자 미래학자 레이 커즈와일은 알파고의 승리에 대해 "가까운 미래에 2가지 중요한 '시점'으로 향하고 있다는 확신을 주는 사건."이라고 말했습니다. 그 2가지 '시점'은 첫째로 2029년에 사람과 똑같이 말하고 생각하고 감정까지 느끼는 존재가 탄생해 인류와 인공지능이 협업하는 시점이고, 둘째로 2045년에 인공지능과의 결합으로 인류의 육체적·지적 능력이 생물학적 한계를 뛰어넘는 시점이라는 것입니다.

앞에서 살펴본 바와 같이, 불교는 인간의 '마음' 등에 대한 통찰을 바탕으로 '인간성'을 잃지 않고 '최고 행복'으로 가는 구체적인 방법으로서 10가지 실천(수행) 덕목, 즉 ①불교명상하기(마음챙김), ②올바른 견해 갖기(정견), ③올바른 사유하기(정사), ④널리 베풀기(보시), ⑤윤리적 생활하기(지계), ⑥참고 이겨내기(인욕), ⑦올바른 언어생활하기(정어), ⑧올바른 행위하기(정업), ⑨올바른 생활하기(정명), ⑩올바른 노력하기(정진)를 제시하고 있습니다. 이는 한마디로 최고 행복을 추구하는 동시에 그 행복을 이웃과 함께 나누는 삶입니다. 이는 곧 우리의 정서적 파산을 극복하는 길이요, 우리의 행복 수준을 높이는 길입니다.29) 천재적인 물리학자 알버트 아인슈타인(1879~1955)은 일찍이 이렇게 말한 바 있습니다. "현대 과학에 결여된 것을 메꾸어 주는 종교가 있다면 그것은 바로 불교이다.30)

---

29) 정신분석학자이자 사회심리학자인 에리히 프롬(Erich P. Fromm 1900~1980)은 《선과 정신분석, Zen Buddhism and Psychoanalysis》에서 이렇게 말했습니다. "선(禪, 불교명상)에는 깨달음의 많은 단계가 있다. 그 가장 궁극적이고 결정적인 단계는 완전한 깨달음이다. 그러나 내가 알고 있는 한, 비록 완전한 깨달음은 결코 성취될 수 없다하더라도 깨달음에 이르는 과정에 있어서의 단계의 경험에 그 가치가 있다는 것이다."(김용정 역, 정음사, 1981, P.114). 즉, 완전한 깨달음(최고 행복)을 추구하다보면 행복 수준이 높아질 수 있기 때문에 추구할 가치가 있다는 것입니다.

이제 우리는 행복할 '권리'와 행복을 나눌 '의무'를 갖고 있
다는 '확신'과 함께 그것을 실현할 수 있다는 '기대(희망)'를 갖
고 인간성을 잃지 않으면서 '최고 행복'으로 가는 10가지 덕목
을 실천해야 하겠습니다. 그 실천을 통해서 우리의 행복 수준
을 더욱 높이고, 더욱 높아진 행복을 다른 사람들과 함께 나누
어야 하겠습니다.

---

30) 미즈하라 슌지(水原舜爾), 과학시대의 불교(이호준 역, 대
원정사, 1986), P. 205.

[참고 자료]

1. 불교경전
- 高麗大藏經, 고려대장경연구소(www.sutra.re.kr/)
- 한글대장경, 동국역경원
- 한글대장경e-book, 동국역경원(www.tripitaka.or.kr/)
- 디까 니까야 · 상윳다 니까야 · 앙굿따라 니까야, 초기불전연구원
- 大正新修大藏經(日本)

2. 불교일반
- 김동한(2012), 마음챙김 명상-행복한 직장생활을 위한, 월드인재교육원
- 김동한(1983), 불교교리와 불자생활, 동산반야회
- 김동한(2011), 행복해요 불교명상, 월드인재교육원
- 대한불교조계종 포교원(2006), 간화선입문, 조계종출판사
- 동국대학교교재편찬위원회(2008), 불교학 개론, 동국대학교출판부
- 동국대학교교재편찬위원회(2005), 禪과 自我, 동국대학교출판부
- 동국역경원, 한국찬술불전(www.tripitata.or.kr)
- 만해스님(1979), 佛敎大典(이원섭 역주), 현암사
- 박종매(2012), 현대 한 · 영 불교용어사전, 푸른향기
- 불교성전편찬회(2000), 불교성전, 동국역경원
- 성철스님(1983), 산은 산 물은 물, 밀알
- 성철스님(1992), 百日法門(上), 장경각
- 성철스님(1992), 百日法門(下), 장경각
- 성철스님(1994), 영원한 자유의 길, 장경각
- 소운스님(2004), 하룻밤에 읽는 불교, 랜덤하우스중앙
- 오형근(2012), 대승기신론 강의, 대승연구원

· 오형근(2005), 신편 유식학 입문, 대승연구원
· 운허스님(1982), 불교사전, 동국역경원
· 원효대사(1987), 원효성사전서, 보련각
· 이기영(1980), 元曉思想(Ⅰ-世界觀), 홍법원
· 한국불교전서, 동국대학교전자불전문화재콘텐츠연구소
  (ebtc.dongguk.ac.kr/)
· 혜능대사(1978), 六祖壇經(정병조 역), 한국불교연구원
· 日本佛教傳導協會(2010), The Teaching Of Buddha
  (불교성전-英한對譯, 해운스님 역), 현암사

3. 기타 국내외 문헌

· 이영돈(2006), 마음(KBS특별기획 다큐멘터리), 위즈덤
  하우스
· 이정호(2007), 행복에 이르는 지혜, 한국방송통신대학
  교출판부
· Argyle, Michael(2005), The Psychology of Happiness
  (행복심리학, 김동기 역), 학지사
· Ben-Shahar, Tal(2007), HAPPIER: Learn the secrets to
  Daily Joy and Lasting Fulfillment(해피어, 노혜숙 역),
  위즈덤하우스
· Ben-Shahar, Tal(2010), EVEN HAPPIER(하버드대
  52주 행복연습, 서은정 역), 위즈덤하우스
· Ben-Shahar, Tal(2010), THE PURSUIT OF PERPECT
  (완벽의 추구, 노혜숙 역), 위즈덤하우스
· Gunaratana, H. Bhante(2001), Mindfulness In Plain
  English(가장 손쉬운 깨달음의 길, 위빠사나 명상, 손혜숙
  역), 아름드리미디어
· Benson, Herbert & Proctor, William(2003), Beyond the
  Relaxation Response(과학 명상법, 장현갑·장주영·김대곤
  역), 학지사
· Benson, Herbert & Proctor, William(2006), The
  Breakout Principle(나를 깨라! 그래야 산다, 장현갑·권오근

외역), 학지사
· Bhikkhu, Santikaro(2005), Mindfulness with breathing
  (마음으로 숨쉬는 붓다, 김열권·김득희 편역), 한길
· Christakis, Nicholas & Fowler, James(2010), Connected:
  The Surprising Power of Our Social Networks and How
  They Shape Our Lives(행복도 전염된다, 이충호 역),
  김영사
· Diener, Ed & Biswas-Diener, Robert(2009), HAPPINESS:
  Unlocking the Psychological Wealth(행복, 번역본:
  모나리자 미소의 법칙, 오혜경 역), 21세기북스
· Fredrickson, Barbara(2009), Positivity: Top-Notch
  Research Reveals the 3 to 1 Ratio That Will Change
  Your Life(긍정의 발견, 최소영 역), 21세기북스
· Fromm, Erich P.(1970), Zen Buddhism and Psychoanalysis
  (선과 정신분석, 김용정 역), 정음사
· Goleman, Daniel(2006), Healing Emtions(마음이란 무엇
  인가, 김진희 역), 씨앗뿌리는 사람
· Hanson, Rick & Mendius, Richard(2010), Buddha's Brain
  (붓다 브레인, 장현갑·장주영 역), 불광출판사
· Hammerness, Paul & Moore, Margaret & Hanc, John
  (2015), Organize Your MIND Organize Your Life(하버드
  마음강좌, 서영조·강영화 역), 전략시티
· Hoggard, Liz(2006), How To Be Happy(영국 BBC 다큐
  멘터리 '행복', 이경아 역), 위즈덤하우스
· Janaka, U Sayawdaw(2003), Vipassana Meditation(위빠
  사나 수행, 김재성 역), 불광출판사
· Kahat-Zinn, Jon(2005), Full Catastrophe Living
  (마음챙김 명상과 자기치유-上, 장현갑·김교현·장주영 역),
  학지사
· Kahat-Zinn, Jon(2005), Full Catastrophe Living
  (마음챙김 명상과 자기치유-下, 장현갑·김교현·장주영 역),
  학지사

· Klein, Stefan(2006), Die Gluecksformcl(행복의 공식,
  김영우 역), 웅신씽크빅
· Kornfield. Jack(2006), A Guide Through the Perils and
  Promise of Spiritual Life(마음의 숲을 거닐다, 이현철 역),
  한언
· Lyubomirsky, Sonja(2008), The How of Happiness
  (행복 증진 전략, 번역본 : How to be happy 행복도 연습
  이 필요하다, 오혜경 역), 지식노마드
· Mahasi, Sayadaw(1995), The Satipatthana Vipassana
  (깨달음으로 이끄는 명상, 정동하 역), 경서원
· Rahula, S. Walpola(1978), What the Buddha Taught,
  The Gorden Fracer Gallery Ltd.
· Rosenberg, Larry(2006), Breath by Breath(일상에서의
  호흡명상 숨, 미산스님·권선아 역), 한언
· Seligman, Martin E. P(2011), Flourish(마틴 세리그만의
  플로리시, 우문식·윤상운 역), 풀푸레
· Seligman, Martin E. P(2009), Authentic happiness :
  using the new positive psychology to realize you
  (긍정심리학, 김인자 역), 풀푸레
· Vaillant, E. George(2011), Spiritual Evolution(행복의
  완성, 김한영 역), 흐름출판
· 太田久紀(1983), 佛教の 深層心理, 有斐閣

4. 웹사이트
· 국립중앙박물관(www.museum.go.kr)
· 네이버(www.naver.com), 지식백과
· 네이버(www.naver.com), 어학사전
· 다음(www.daum.com), 백과사전
· 다음(www.daum.com), 어학사전
· 문화재청(www.cha.go.kr)